近畿圏版⑪ **最新入試に対応！ 家庭学習に最適の問題集!!**

大阪教育大学附属 池田小学校

2021～2023年度過去問題を掲載

2024年度版 過去問題集

合格までのステップ

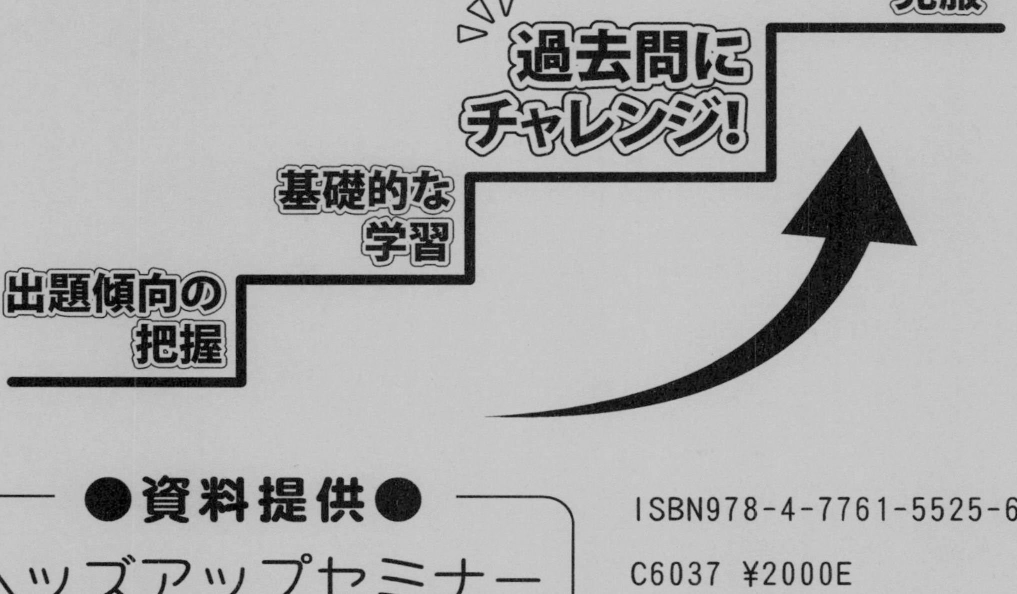

●資料提供●
ヘッズアップセミナー

日本学習図書 ニチガク

ISBN978-4-7761-5525-6
C6037 ¥2000E
定価 2,200 円
(本体 2,000 円 + 税 10%)
9784776155256
1926037020004

目指せ！合格！

家庭学習ガイド
大阪教育大学附属池田小学校

ペーパー　口頭試問　制作　運動　音楽　行動観察　親子面接

入試情報

募集人数：男子 50 名　女子 50 名
応募者数：男子 103 名　女子 122 名
出題形式：ペーパー、ノンペーパー
面　　接：保護者・志願者
出題領域：ペーパー（言語、図形、推理、常識、お話の記憶）、口頭試問、制作、運動・表現、行動観察

入試対策

現在、試験前後の抽選は行なわれていません。試験内容は、ペーパーテスト、口頭試問、制作、運動・表現、行動観察、面接です。ペーパーテストは、問題のバリエーションが豊富で、応用問題と言える問題も見られます。思考力はもちろんですが、集中力や指示を理解する「聞く力」も必要です。また、他校ではあまり見ることのない問題も出題されることがあります。ただ、そうした問題を解くためにも基礎的な学習は必須です。見慣れない問題が出題されるからといって、難しい問題や珍しい問題ばかりに取り組んでいては、本末転倒になってしまいます。基本の繰り返しによって着実に力を付けていくことが小学校受験において最善の方法と言えるでしょう。

- ●マナーや生活常識を身に付けるために、日常生活でも「なぜいけないのか」「なぜそうするのか」ということをその場できちんと説明しましょう。口頭試問では、その理由まで聞かれるので、自分の言葉できちんと説明できるようにしておきましょう。

- ●当校の行動観察はチームでゲームや競争をする形式が多く見られます。チーム内で協調性と積極性を示せるように行動しましょう。

- ●面接では親子で話し合う課題が出題されます。ふだんの親子関係が観られることになるので、生活の中でしっかりとよいコミュニケーションをとるようにしましょう。

「大阪教育大学附属池田小学校」について

〈合格のためのアドバイス〉

当校は我が国独自の学校安全のスタンダードとなる「セーフティプロモーションスクール」としてさまざまな学校安全を発信しています。これは、「学校の安全推進のために、子どもたち、教職員、保護者、さらに地域の人々が一体となって、継続的・組織的な取り組みが展開されている学校」ということで、教育目標としても同じ趣旨のことが挙げられています。具体的には、「①人間性に満ちた情操豊かな子ども」「②自主的・創造的に考え、問題を解決し、表現・行動する子ども」「③自他を尊重し、協力しあう子ども」「④真理を追究し、社会の向上に努める子ども」「⑤健康で、意志強くやりぬく子ども」という目標が定められています。これは、当校の入学調査の観点にもなっており、出題にも表れています。

上記のことは、常識やマナーに関する問題が必ず出題されるということからもうかがえます。それに加え、「自分で考え、解決する」という意識を観るための問題が多く出されています。これらの問題の対策として、過去に出題された問題とその解説をよく理解して、「考え方・解き方」を身に付けるようにしましょう。

入試では、まず考査日前に**親子面接**が行われます。志願者のみの面接が先に行われ、途中から保護者が入室するという面接形式です。考査は女子が午前、男子が午後に分かれて、**ペーパーテスト、口頭試問、制作、運動・表現、行動観察**が行われました。

ペーパーテストの出題分野は、**言語、図形、推理、常識、お話の記憶**と幅広く、日常生活の中で経験できることがテーマになった問題が多く出題されています。ふだんから、お手伝い、お買い物などを通して得た知識や、実物や図鑑を通して得た知識を活用できるようにしてください。

行動観察では、例年と同様にチーム対抗のゲームが行われました。そこではコミュニケーションや協調性が主な観点となっています。日常生活におけるお子さまの様子が表れやすい課題なので、ふだんからふざけずに楽しむことができるように指導しておくとよいでしょう。

〈2023年度選考〉

- ◆ペーパー
- ◆口頭試問
- ◆制作
- ◆運動・表現
- ◆行動観察
- ◆親子面接（考査日前に実施）

◇過去の応募状況

2022年度	男子103名	女子122名
2021年度	男子133名	女子107名
2021年度	男子122名	女子122名

〈本書掲載分以外の過去問題〉

- ◆言語：それぞれの２番目の音を組み合わせてできる絵を選ぶ。[2019年度]
- ◆言語：「ひく」という言葉に合う絵を選ぶ。[2019年度]
- ◆推理：動物が言った言葉を手がかりにジャンケンで出した手を考える。[2019年度]
- ◆推理：ひもを引っ張って結び目ができるものを選ぶ。[2019年度]
- ◆常識：食事が終わった時のお箸の置き方が正しいものを選ぶ。[2019年度]

大阪教育大学附属
池田小学校

過去問題集

〈はじめに〉

現在、少子化が叫ばれているにもかかわらず、私立・国立小学校の入学試験には一定の応募者があります。入試は、ただやみくもに学習するだけでは成果を得ることはできません。志望校の過去における出題傾向を研究・把握した上で、練習を進めていくこと、その上で試験までに志願者の不得意分野を克服していくことが必須条件です。そこで、本問題集は小学校を受験される方々に、志望校の出題傾向をより詳しく知って頂くために、過去に遡り出題頻度の高い問題を結集いたしました。最新のデータを含む精選された過去問題集で実力をお付けください。

また、志望校の選択には弊社発行の「**2024年度版　近畿圏・愛知県　国立・私立小学校　進学のてびき**」をぜひ参考になさってください。

〈本書ご使用方法〉

◆出題者は出題前に一度問題を通読し、出題内容などを把握した上で、〈**準　備**〉の欄に表記してあるものを用意してから始めてください。

◆お子さまに絵の頁を渡し、出題者が問題文を読む形式で出題してください。問題を読んだ後で、絵の頁を渡す問題もありますのでご注意ください。

◆「**分野**」は、問題の分野を表しています。弊社の問題集の分野に対応していますので、復習の際の目安にお役立てください。

◆一部の描画や工作、常識等の問題については、解答が省略されているものがあります。お子さまの答えが成り立つか、出題者が各自でご判断ください。

◆〈**時　間**〉につきましては、目安とお考えください。

◆問題右端の［**〇年度**］は、問題の出題年度です。［**2023年度**］は、「2022年の秋から冬にかけて行われた2023年度入学志望者向けの考査で出題された問題」という意味です。

◆**学習のポイント**は、指導の際にご参考にしてください。

◆【**おすすめ問題集**】は各問題の基礎力養成や実力アップにご使用ください。

〈本書ご使用にあたっての注意点〉

◆文中に **この問題の絵は縦に使用してください。** と記載してある問題の絵は縦にしてお使いください。

◆〈**準　備**〉の欄で、クレヨン・クーピーペンと表記してある場合は12色程度のものを、画用紙と表記してある場合は白い画用紙をご用意ください。

◆文中に **この問題の絵はありません。** と記載してある問題には絵の頁がありませんので、ご注意ください。なお、問題の絵の右上にある番号が連番でなくても、中央下の頁番号が連番の場合は落丁ではありません。

◆下記一覧表の●が付いている問題は絵がありません。

問題1	問題2	問題3	問題4	問題5	問題6	問題7	問題8	問題9	問題10
問題11	問題12	問題13	問題14	問題15	問題16	問題17	問題18	問題19	問題20
						●	●		
問題21	問題22	問題23	問題24	問題25	問題26	問題27	問題28	問題29	問題30
●									
問題31	問題32	問題33	問題34	問題35	問題36	問題37	問題38	問題39	問題40
			●						

(得) 先輩ママたちの声！

◆実際に受験をされた方からのアドバイスです。
ぜひ参考にしてください。

大阪教育大学附属池田小学校

・常識分野の問題が出題されるので、日頃から実物に触れたり、目にする機会を作った方がよいと思いました。

・行動観察は、チームで役割を分担してゲームを行う課題だったようです。お友だちと遊ぶ際には、積極的に仲良くできるとよいと思います。

・面接は、３名１組で行われます。ほかの子どもの意見に流されず、自分の考えをはっきり言うためには、日頃の生活や会話の中で、子どもが自信を持って発言できるようにするとよいと思います。

・面接は、家庭によって質問が違ったようです。多種多様な質問に対応できるよう、ふだんから家庭の教育方針や子育ての考え方をしっかりと持った上で面接に臨むことが大切だと思いました。

・日頃の生活を観られるような問題が出題されたようです。付け焼き刃ではなく、１つひとつの行動の意味を理解させなくてはいけないと思いました。

・ペーパーテストでは、「はい、始め」の合図でクーピーペンシルを持って、「やめ」の合図で置くお約束だったそうです。

・面接は、まず子どもだけが面接室に移動します。子どもの面接が15分ほどで終わると、再び先生が呼びに来られ、保護者も面接室に移動します。入室すると、面接の内容を子どもが話しに来てくれました。そして、それに対する感想を先生にお話ししました。

・ペーパーテストは、広い範囲から出題されるので、それぞれの分野の問題に対応できる力が必要です。特に指示をきちんと理解することは重要だと感じました。

◎学習効果を上げるため、前掲の「家庭学習ガイド」及び「合格のためのアドバイス」をお読みになり、各校が実施する入試の出題傾向を、よく把握した上で問題に取り組んでください。
※冒頭の「本書ご使用方法」「本書ご使用にあたっての注意点」も併せてご覧ください。

2023年度の入試問題

問題1　分野：言語

〈準備〉　クーピーペン

〈問題〉　絵を見て、「さす」という言葉を使うものに、○をつけてください。

〈時間〉　10秒

〈解答〉　左上（ハチがさす）、左下（目薬をさす）、右下（指をさす）

学習のポイント

年齢相応の語彙力が備わっているかを観る問題です。本問では、「さす」と読む言葉を探します。絵を見てそれぞれどんな場面かを理解できれば、すぐに答えが見つけられるでしょう。「目薬をさす」は、お子さまにとって少し難しいかもしれません。普段、目薬を目にする機会がないお子さまは、これを機に覚えておくとよいでしょう。本問に限らず、語彙力を問われる問題において重要になるのは、生活体験を通して得られる知識です。普段からお子さまが身の回りのものに関心を向け、より多くの経験を積めるよう、サポートしてあげるようにましょう。

【おすすめ問題集】
Ｊｒ・ウォッチャー12「日常生活」、18「いろいろな言葉」

問題2　分野：常識

〈準備〉　クーピーペン

〈問題〉　上の絵と関係があるものを四角の中から選んで、○をつけてください。
（試験ではイラストではなく写真が用いられました。）

〈時間〉　10秒

〈解答〉　左から２番目（サッカーボール）

学習のポイント

スポーツに関する基本的な知識を問う問題です。上の絵を見て何のスポーツなのか判断し、下の選択肢にあるボールの中から関連するものを選択する、といったオーソドックスな出題形式となっています。難易度の高い問題ではありませんが、前提として、サッカーというスポーツを知っている必要があります。また、本問ではサッカーが出題されていますが、他の選択肢（テニスボール、バスケットボール、ピンポン球、ラグビーボール、野球ボール）についても、それぞれの正式名称や、どんなスポーツに用いられるものなのか、確認しておくとよいでしょう。前問から引き続き、このような問題では普段の生活体験から得られる知識が必要不可欠です。保護者の方は、学びの機会を増やせるような環境作りを心がけましょう。

【おすすめ問題集】
Ｊｒ・ウォッチャー12「日常生活」

問題３　分野：常識

〈準備〉　クーピーペン

〈問題〉　問題３の絵を見て、食べるところが土の中にできるものに○をつけてください。

〈時間〉　10秒

〈解答〉　右上（ジャガイモ）、左下（ニンジン）

学習のポイント

当校の入試では、常識分野の問題が多く出題されています。その中でも季節と理科的常識の問題は、例年出題されています。本問は、野菜の可食部を問う問題です。このような問題では、理科の知識と普段の生活体験から答えを導きます。ご家庭で野菜を購入するときや、料理に使うときなど、その野菜について学習する機会をもつとよいでしょう。類題で、野菜や果物のの断面を問う問題が過去に出題されています。他に収穫時期や栽培方法など、学習の際は、知的好奇心を活かす習慣を身に付けておきましょう。実物を入手することが難しいようであれば、映像や写真でも構いません。

【おすすめ問題集】
Ｊｒ・ウォッチャー12「日常生活」、27「理科」、55「理科②」

問題４　分野：常識

〈準備〉　クーピーペン

〈問題〉　上の絵を見てください。バナナのところに入らないものを、下の四角から選んで、○をつけてください。

〈時間〉　10秒

〈解答〉　左から２番目（節分）

学習のポイント

季節の問題です。前提として、季節行事に関する知識が備わっていなければ、正答することは難しいといえます。問題の各絵について、行事の正式名称を確認しておきましょう。また、本問では上のバナナの絵を除いた３枚の絵（門松、ひな祭り、クリスマス）の並びから法則を見出す必要があります。推理の要素が加わるため、季節行事についても、より正確に把握する必要があります。各行事の行われる月や、どんなことをするのかなど、しっかりと把握しておくようにしましょう。上の絵は門松（１月）から季節順にならんでおり、バナナの位置はひな祭り（３月）とクリスマス（12月）の間であることから、４月から11月までの行事が該当します。本問で問われているのは「バナナのところに入らないもの」であることから、該当する絵は節分（２月）となります。

【おすすめ問題集】
Ｊｒ・ウォッチャー12「日常生活」、34「季節」

問題５　分野：常識

〈準 備〉　クーピーペン

〈問 題〉　問題５の絵を見てください。掃除をするとき使うものに○をつけてください。

〈時 間〉　10秒

〈解 答〉　バケツ、箒、ちりとり、掃除機

学習のポイント

掃除用具に○をつけるという基礎的な問題ですが、本問では選択肢の全てに○をつける必要があります。「選択肢の中には、正解のものと不正解のものがある」という先入観をもって取り組んでしまうと、本問のような基礎的な問題でも誤答につながります。問題の指示をよく聞き、その通りに解答することを徹底しましょう。また、本問では選択肢の全てに○をつけましたが、○をつけるものがないというケースも十分に考えられます。学習の際はそういった解答を含む類題に取り組み、これらのケースに慣れておくことをおすすめします。

【おすすめ問題集】
Ｊｒ・ウォッチャー12「日常生活」、30「生活習慣」

問題６　分野：数量

〈準 備〉　クーピーペン

〈問 題〉　問題６の絵を見てください。イチゴの数を数えて、その分だけ下の四角に○を書いてください。

〈時 間〉　15秒

〈解 答〉　○９個

学習のポイント

数量問題を解くにあたり重要なことは、数を早く、正確に数えることです。このような問題における代表的なミスとして「重複して数える」「数え忘れ」が挙げられます。これらを防ぐためにも、まずは正確に数えることを徹底しましょう。また、こういったミスは主に、本問に類する問題を得意分野としているお子さまに多くみられます。基礎的な内容ですが、今１度しっかりと確認しておきましょう。本問の特徴として、果物のサイズがバラバラに描かれています。こういったイラストの場合、小さく描かれた果物を見落としてしまうケースも十分に考えられます。類題を繰り返し解き、しっかりと対策しておきましょう。

【おすすめ問題集】

Ｊｒ・ウォッチャー14「数える」、37「選んで数える」

問題７　分野：常識（理科）

〈準備〉　クーピーペン

〈問題〉　問題７の絵を見てください。同じ大きさのコップに、違う水の量が入ってます。全部のコップに砂糖を１個ずつ入れたとき、中の水が１番甘くなるコップに○をつけてください。

〈時間〉　10秒

〈解答〉　左端

学習のポイント

オーソドックスの理科の問題です。似た問題では水に氷が溶けたときの様子を問う問題などが挙げられます。このような問題は言葉で説明するよりも、実物を用いて実験をしたほうが理解できるでしょう。問題を解き終えたら、その解答を選んだ理由を聞き、正しい考え方ができているか確認してみましょう。また、この類いの問題では、コップの大きさがそれぞれ異なる場合での比較や、甘い方から並べたときの順番を問われるなど、より難易度の高い出題も考えられます。しっかりと基礎を理解した上で、こういった発展系の問題にも挑戦してみましょう。

【おすすめ問題集】

Ｊｒ・ウォッチャー27「理科」、55「理科②」

問題8　分野：図形（回転図形）

〈準 備〉 クーピーペン

〈問 題〉 上のお手本を見てください。左側の形が回転して右のようになりました。左側の形がお手本のように回転したら、どのようになるでしょうか。右の絵から選んで○をつけてください。

〈時 間〉 30秒

〈解 答〉 ①右上　②右下

学習のポイント

回転図形は小学校受験では頻出の問題の一つです。まずはお手本の絵が回転することで、どのように変化したかをしっかりと把握しましょう。本問の場合は横長の長方形が180度回転しています。回転と模様の変化の関係性を把握すれば、模様が複雑になっても、どこに着眼をすればよいのかがわかり、問題を解きやすくなります。類題を解く際は、いきなり難易度の高い問題にチャレンジをするのではなく、基礎固めをしっかりと行ってください。基礎力のアップにはオセロを用いた学習方法がおすすめです。８×８のマスを、４×４に４つ区切ります。左上のマスに駒をおきます。そして、それぞれ90度ずつ回転したらどうなるか。駒を置いていきます。そのように実物を動かすことで、理解度がアップするのと平行し、頭の中でも図形を操作できるようになってきます。具体物とペーパーを上手に活用して力を付けましょう。

【おすすめ問題集】
Ｊｒ・ウォッチャー46「回転図形」

問題9　分野：図形（四方からの観察）

〈準 備〉 クーピーペン

〈問 題〉 問題９の絵を見てください。左側の積み木を矢印の方から見たときに、どのように見えるでしょう。四角の中から選んで○をつけてください。

〈時 間〉 10分

〈解 答〉 左上

家庭学習のコツ①　「先輩ママのアドバイス」を読みましょう！

本書冒頭の「先輩ママのアドバイス」には、実際に試験を経験された方の貴重なお話が掲載されています。対策学習への取り組み方だけでなく、試験場の雰囲気や会場での過ごし方、お子さまの健康管理、家庭学習の方法など、さまざまなことがらについてのアドバイスもあります。先輩ママの体験談、アドバイスに学び、ステップアップを図りましょう！

学習のポイント

昨年は出題されなかった、四方からの観察の問題です。このような問題で躓く場合、実際に積み木を使って問題への理解を促し、解答まで導いていきましょう。本問と同じように積み木を積んだ後、各方向から観察し、それぞれどのように見えるか確認します。このとき、選択肢にある他の形はどの方向から見た形なのか、形が違う場合はどこが違うのかなど、合わせて確認するとよいでしょう。具体物を用いて学習することにより、立体物への理解が深まります。この類いの問題は、類題を繰り返し解くことが、最も確実な上達方法です。基礎から着実に経験を積んでいきましょう。

【おすすめ問題集】
Ｊｒ・ウォッチャー10「四方からの観察」、16「積み木」
53「四方からの観察　積み木編」

問題10　分野：図形（重ね図形）

〈準備〉　クーピーペン

〈問題〉　問題10の絵を見てください。左側の２つの形を重ねたとき、どのような模様になりますか。右の四角の中から選んで○をつけてください。

〈時間〉　10秒

〈解答〉　左下

学習のポイント

重ね図形の問題です。問題自体の難易度は高くありませんが、その分制限時間が短く設定されています。お子さまに苦手意識がある場合は、導入としてクリアファイルを用いた学習方法をお勧めします。本問の絵にクリアファイルを重ね、片方の図形をホワイトボード用の水性マーカーでなぞります。クリアファイルにトレースした図形をもう一方の図形に重ねることで、正解の模様を確認することができます。このような図形の問題は、実物を目にし、体験をすることで理解度が格段に上がります。また、図形にアレンジを加えるなどして、発展した問題を練習することもできます。

【おすすめ問題集】
Ｊｒ・ウォッチャー35「重ね図形」

問題11　分野：座標

〈準備〉　クーピーペン

〈問題〉　（問題11の絵を渡す）
ウサギとカメがジャンケンをします。グーで勝つと１マス、チョキで勝つと２マス、パーで勝つと３マス進みます。負けたときは動きません。
・１回目はカメがグーで勝ちました。
・２回目はウサギがチョキで勝ちました。
・３回目はカメがパーで勝ちました。
ウサギとカメはどのマスにいますか。それぞれ線をつなぎましょう。

〈時間〉　30秒

〈解答〉　下図参照

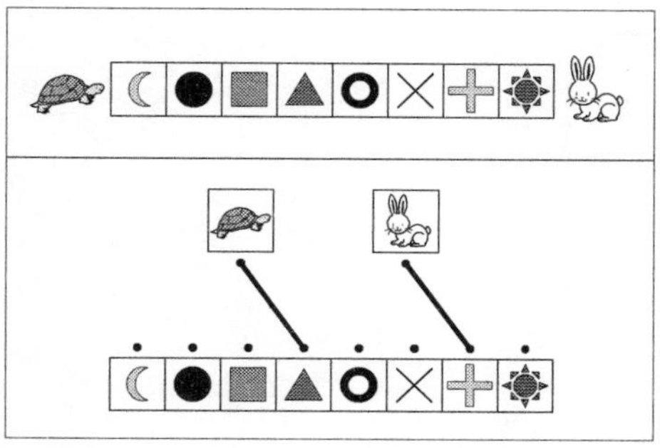

学習のポイント

ジャンケンで勝った方の動物がルールに従って、マス目を進みます。実際の入試ではお手本の映像が流れました。この問題では、聞き取りと数の操作の力が問われています。先生からの指示を聞き逃さないために、どのような問題であっても最後までしっかりと聞き取ろうとする姿勢が大切です。数の操作はそれほど難しくありませんが、ジャンケンの結果をルールの通り、頭の中で数に変換する必要があります。このような問題は、類題を繰り返し解き、慣れておく必要があります。回数や勝敗、ルールを変えて、反復して練習しましょう。また、導入の際は、おはじきなどの具体物を用意して練習するのもよいでしょう。

【おすすめ問題集】
Ｊｒ・ウォッチャー２「座標」、14「数える」、47「座標の移動」

家庭学習のコツ②　「家庭学習ガイド」はママの味方！

問題演習を始める前に、試験の概要をまとめた「家庭学習ガイド（本書カラーページに掲載）」を読みましょう。「家庭学習ガイド」には、応募者数や試験課目の詳細のほか、学習を進める上で重要な情報が掲載されています。それらの情報で入試の傾向をつかみ、学習の方針を立ててから、対策学習を始めてください。

問題12　分野：推理

〈準　備〉　クーピーペン

〈問　題〉　（問題12の絵を渡す）
男の子が家に帰ります。全てのイチゴを拾って帰るためにはどのように進めばよいですか。線をかきましょう。ただし、同じ道は１回しか通れません。また、×印のところを通ってはいけません。

〈時　間〉　15秒

〈解　答〉　下図参照

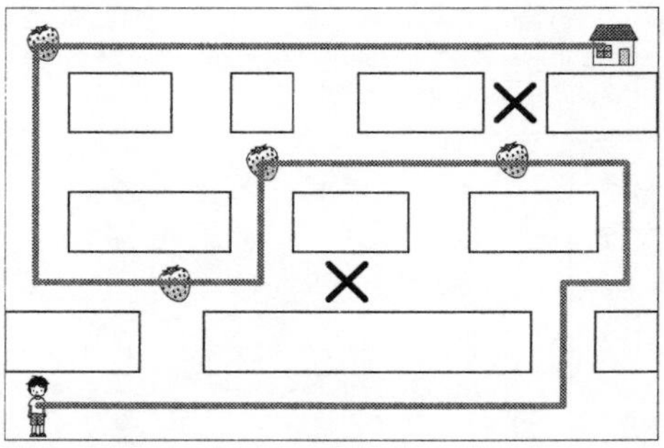

学習のポイント

オーソドックスな迷路の問題です。迷路自体の難易度は、高くありません。焦らずに取り組みましょう。このような問題に取り組むときは、線の引き方に注意する必要があります。いきなり線を引き始めてしまうと、間違えてしまったときのリスクが大きく、引く線にもブレや歪みといった形で迷いが現れます。ゴールまでの道筋をしっかりと把握してから線を引き始めましょう。線そのものの引き方についてですが、ペン先と終点の両方が視界に入るように注意しながら線を引いてください。少し線が歪んだり曲がってしまった時に、線を引きながら細かな修正を行なうことができます。当校入試ではクーピーペンを使用します。特別な対策をとる必要はありませんが、日頃のお絵かき遊びなどで、道具に慣れておくことができれば、なおよいでしょう。

【おすすめ問題集】
Ｊｒ・ウォッチャー７「迷路」、51「運筆①」、52「運筆②」

問題13 分野：聴く記憶

〈準 備〉 鈴、太鼓、シンバル

〈問 題〉 問題13の絵を見てください。音が鳴る度にジャンプして進みます。スズの音が聞こえたら左足、太鼓の音が聞こえたら右足、シンバルの音が聞こえたら両足で着地します。今から聞こえる音を聞いてどんな足跡が付くでしょうか。絵の中から選んで○をつけてください。

・シンバル→太鼓→太鼓→スズ

〈時 間〉 15秒

〈解 答〉 右端

学習のポイント

ルールを覚え、音を聞き分ける問題です。どの楽器の音が鳴ったらどの足が着地するのか、記憶する必要があります。集中してしっかりと指示を聞くようにしましょう。また、保護者の方は、お子さまが解答している様子を観察してください。問題を読み終わってから解答を書くまでに要した時間や解答記号の形は、お子さまの記憶の特徴が表れます。自信のある問題は、濃く、しっかりとした形で書かれていますが、自信のない問題は、筆圧が薄く、線も歪んでいることが多いです。また、解答を間違ってしまっても、間違え方によって記憶できているところとできていないところが分かります。このようなところから特徴を掴み、学習に役立てるとよいでしょう。

【おすすめ問題集】
Ｊｒ・ウォッチャー20「見る記憶・聴く記憶」

家庭学習のコツ③ 効果的な学習方法～問題集を通読する

過去問題集を始めるにあたり、いきなり問題に取り組んではいませんか？　それでは本書を有効活用しているとは言えません。まず、保護者の方が、すべてを一通り読み、当校の傾向、ポイント、問題のアドバイスを頭に入れてください。そうすることにより、保護者の方の指導力がアップします。また、日常生活のさまざまなことから、保護者の方自身が「作問」することができるようになっていきます。

問題14　分野：お話の記憶

〈準 備〉　クーピーペン

〈問 題〉　ミキちゃんはお父さんとお話をしています。今日は、お母さんの帰りが仕事で遅くなるため、夕飯は二人でカレーライスのカレーを作ることにしました。でも、家には材料がないので、お父さんは、ミキちゃんをお使いに行かせることにしました。雨が降りそうなので、ミキちゃんは傘を持って出かけました。ミキちゃんは1人でお使いに行くのが初めてでしたが、お母さんと何度も行ったことがあるので、道は覚えています。お使いの間ミキちゃんは1人でかくれんぼゲームをすることにしました。かくれんぼゲームは、物の名前の中に他の物の名前を見つけるゲームです。バス停に着くと、バスのタイヤが見えたので「タイ」を見つけました。バスに乗って商店街まで行きました。まず、八百屋さんで買い物をしました。ニンジン、ジャガイモ、ブドウを買いました。次にお肉屋さんへ行きました。そこでお財布を出したので「サイ」を見つけました。お肉屋さんを出るとイチョウの木が見えたので「チョウ」を見つけました。雨が降ってきましたが、すぐにバスに乗ったので傘をささずに済みました。バスに乗っている途中で雨がやみ、虹が見えました。バスを降りて家へ向かう途中、コスモス畑があったので見とれていると、畑にいたおばさんが「摘んでいっていいよ」と言ってくれたので、ミキちゃんはピンクのコスモスを何本か摘んで帰りました。家について、お父さんと一緒にカレーを作りました。お母さんが仕事から帰ったので、3人はコスモスを飾ったテーブルでカレーライスを食べて、とても幸せな気持ちになりました。

①ミキちゃんとお父さんが作ったものはなんですか。絵の中から選んで○を付けてください。
②ミキちゃんが見つけた名前の中に隠れているものはなんですか。絵の中から選んで○をつけてください。
③ミキちゃんが八百屋さんで買ったものは何ですか。絵の中から選んで○をつけてください。
④お話の順番通りに、左から右に絵が並んでいるものはどれですか。絵の中から選んで、左の四角に○をつけてください。

〈時 間〉　各10秒

〈解 答〉　①右から２番目（カレーライス）
②左から２番目（チョウ）、中央（サイ）、右端（タイ）
③左から3番目（ジャガイモ）、右から2番目（ニンジン）、右端（ブドウ）
④下から2番目（家を出る→八百屋→コスモス畑→テーブルで食事）

学習のポイント

本年度のお話の記憶は、前年よりも内容が短くなりました。本問で必要とされている力は主に、お話の内容を把握し、細部までとらえる「聞く力」、お話を最後まで聞き取る「集中力」などが挙げられます。特に「集中力」については、後半での出題ということもあり、高い水準が求められています。これらの力は、ふだんの読み聞かせや、類題を解くことで身に付けられるものです。試験が近くなり、実践的な練習をする時期になったら、読み聞かせで使うお話はより長く、展開が複雑なものを選ぶようにしましょう。聞く力と集中力が伸ばせるだけでなく、問題に取り組む際、余裕を持てるようになります。また、選んだ答えに理由を言わせてみたり、答えを選ぶのは「１回だけ（変更禁止）」など、条件を加えることで、直感に頼らないで判断する力を伸ばすことができます。

【おすすめ問題集】
１話５分の読み聞かせお話集①・②、お話の記憶問題集 初級編・中級編
Ｊｒ・ウォッチャー19「お話の記憶」、20「見る記憶・聴く記憶」

問題15　分野：行動観察（シーソーゲーム）

〈準備〉　天秤、地球儀、大小様々なおもちゃ

〈問題〉　天秤の片方のカゴに地球儀のおもちゃが乗せてあり、天秤の横のスペースには、大小様々なおもちゃがおいてあります。この中から１つ選んで、地球儀が乗っていない方のカゴに、順番に乗せていきましょう。おもちゃをカゴに乗せたとき、カゴが傾かなければ、星を１つもらえます。たくさん星を集めるために、誰が、どの順番で、どのおもちゃを乗せるのか、相談して決めてください。

〈時間〉　適宜

〈解答〉　省略

学習のポイント

グループでの行動観察です。初めて会うお友だちといかにコミュニケーションがとれるかが重要です。入試という慣れない環境ですが、積極的に取り組むことが大切です。そのためには、公園などで初対面のお友だちと遊ぶ機会をつくるなど工夫するとよいでしょう。また、希望する順番やおもちゃが被ってしまった時は、自分の主張だけを通そうとしたりするのではなく、お友だちの意見も聞き、どのように対応するのがよいか、みんなで話し合いましょう。おもちゃを順番に乗せていく時、仮に失敗してしまっても、お友だちを責めてはいけません。みんなで楽しく取り組みましょう。

【おすすめ問題集】
Ｊｒ・ウォッチャー29「行動観察」

問題16　分野：行動観察（カード当てゲーム）

〈準備〉　表には模様、裏には動物の絵が描かれたカード8枚程度（種類は３種ほど）

〈問題〉
・グループの中から、相談し合って動物のマネをする人を１人決めます。
・他の人はカードの模様と、裏側の動物を覚えます。
・時間になったらカードを混ぜて、動物の絵が見えないように並べます。
・動物のマネをする人は、先生から動物のカードを見せてもらい、その動物のマネをします。この時、お喋りをしてはいけません。
・他の人はその動物が何かを当て、その動物のカードを探します。

〈時間〉　適宜

〈解答〉　省略

学習のポイント

前問同様、コミュニケーション能力が問われる課題です。グループ内での役割分担がスムーズに行えるか、積極的に発表できるかなど、前問に比べ、お友達を尊重することと、積極的に取り組むことの両立が求められるため、このような状況に慣れておく必要があります。幼稚園（保育園）や公園など、普段遊びの場を通して、初めて会うお友達と円滑にコミュニケーションを取る練習をしておくとよいでしょう。また、このような場でのけんかや、ルールを破るなどといった行為は、結果に大きな影響を与えます。絶対に避けましょう。

【おすすめ問題集】
Ｊｒ・ウォッチャー29「行動観察」

問題17　分野：行動観察（自己紹介）

〈準備〉　クーピーペン（12色）、シール５枚、画用紙（１人につき１枚）

〈問題〉　**この問題の絵はありません。**
- 「頑張っていること」「好きな遊び」「好きな食べ物」の中から、1つ選んで絵を描いてください。
- クーピーペン（12色）とシールは、譲り合って使ってください。
- 描き終わったら、自分が描いた絵について、順番に発表してください。
- 先生が「誰かに質問がある人」と聞いたら、質問がある人は手を挙げて、先生に指された後に質問をしてください。

〈時間〉　適宜

〈解答〉　省略

学習のポイント

このような課題は主に、入学後の生活態度を見据えて出題されています。着眼点は、自分の伝えたいことを、絵や言葉にして伝える伝達力、限られた材料を他のお友達と譲り合って使う協調性、他のお友達の作品に興味を持ち、よく知ろうとする好奇心、積極性などが挙げられるでしょう。いずれも、入学後に求められる大切な要素です。普段の幼稚園（保育園）生活や、お友達との関わり合いを通して、こういったコミュニケーション能力をしっかりと培っていきましょう。また、こういった課題で、作品の上手、下手が結果に影響を及ぼすことはありません。元々絵が得意ではなかったり、上手く描けなくても、最後まで精力的に取り組みましょう

【おすすめ問題集】
Ｊｒ・ウォッチャー29「行動観察」

問題18　分野：口頭試問

〈準　備〉　なし

〈問　題〉　**この問題の絵はありません。**
シーソーゲーム、カード当てゲーム、自己紹介の中でどれが１番楽しかったですか。それはどうしてですか。お話してください。

〈時　間〉　適宜

〈解　答〉　省略

学習のポイント

前に出題された３つの課題の中で、どの課題が１番楽しかったかを説明します。観じたことを、自分の言葉で、相手に伝わるように説明する必要があるため、年相応のコミュニケーション能力が必要です。先生の質問をよく聞き、どのゲームがなぜ、どう楽しかったのか、しっかりと伝えましょう。また、テスターの先生方は非常に親切ですが、試験の場であるということを忘れてはいけません。お話する相手が、お父さん、お母さん、お友達とは違うということを、しっかりと意識してから臨むとよいでしょう。

【おすすめ問題集】
口頭試問最強マニュアル　生活体験編、Ｊｒ・ウォッチャー29「行動観察」

問題19　分野：巧緻性（絵画制作）

〈準　備〉　はさみ、のり、折り紙

〈問　題〉　**この問題は絵を参考にしてください。**
・問題19-1の絵の太い線の真ん中をはさみで切ってください。
・問題19-2の絵の通りに、折り紙を折ってください。
（実際の試験ではモニターに映像が映し出されました。）
・折り紙を点線の枠に合わせて、のりで貼り付けてください。
・○△□に好きに付け足して、絵を描いてください。
・○△□の中から、少なくとも２つの形を使ってください。
・○△□の中は好きな色で塗ってください。この時、○△□の中に絵を描いてはいけません。

〈時　間〉　適宜

〈解　答〉　省略

学習のポイント

巧緻性と制作の問題です。問題19－１の線をハサミで切るように指示が出ています。ハサミの使い方には注意が必要です。刃先を人に向けたり、ハサミを振り回したりなど、使い方次第ではその時点で不合格になることもあるため、気をつけてください。また、ハサミは、刃の先端で切っていてもなかなか上達しません。練習する際は、厚紙を使うようにするとよいでしょう。ハサミで厚紙を切る場合、刃の全体を使わないと切ることができないため、練習には最適です。作品が完成した後は、ゴミの片付けや備品の扱い方について観られます。ハサミの刃が出たままになっていないか、紙くずが散らかっていないかなど、注意深く確認しましょう。本問に限らず、制作や絵画の課題ではゴミの片付を指示されないことが多いため、普段から習慣づけておくとよいでしょう。

【おすすめ問題集】
実践 ゆびさきトレーニング①・②・③、
Ｊｒ・ウォッチャー23「切る・貼る・塗る」、24「絵画」

問題20　分野：運動・表現

〈準備〉　ボール（大）１個、ボール（小）複数個、○と★マークの紙各１枚
的当て用のゴールネット、フラフープ、目印用のテープ

〈問題〉　この問題は絵を参考にしてください。
①先生の指示をよく聞いて、その通りにしてください。
（実際の試験では、モニターにお手本が映し出され、音に合わせてジャンプしました）
・元の場所から★にジャンプしてください。
・★から本の場所へジャンプした後、その場で３回ジャンプしてください。
・元の場所から○にジャンプしてください。
・○から本の場所へジャンプした後、その場で３回ジャンプしてください。
（○と★マークの紙は、滑らないようにしっかりとテープで床に固定してください。）

②ボールを上に投げて受けてください。
（タン・タン・タンタンタン・イェイのリズムに合わせてイェイの掛け声と同時に投げます。）
③悲しい曲と楽しい曲が流れます。曲に合わせて踊ってください。
④お手玉をフラフープの的に向かって投げてください。（なげ方は自由です。）

〈時間〉　適宜

〈解答〉　省略

学習のポイント

運動の課題です。実際の試験では、モニターを使って行われました。①の問題などは解くに、指示が複数出されています。先生の話を最後まで集中して聞き、指示に従いましょう。他の設問についてもそうですが、このような運動・表現の課題では、上手、下手は重要視されません。指示を集中して聞いているか、最後まで意欲的に取り組めるか等が観点として挙げられます。どちらも小学校受験において、基本的な内容ですが、試験後半ということもあり、集中力やモチベーションを維持するには体力が必要です。その点も踏まえて対策をするとよいでしょう。

【おすすめ問題集】
新運動テスト問題集、Ｊｒ・ウォッチャー28「運動」、29「行動観察」

問題21　分野：面接（受験者・保護者）

〈準備〉　なし

〈問題〉　この問題の絵はありません。

〈質問〉
・お名前を教えてください。
・幼稚園の名前と先生の名前を教えてください。
・お友達の名前を教えてください。
・好きな遊びを言葉ではなくそのまねをしてください。
・今朝のご飯は何を食べてきましたか。
・今日はどのようにしてここまで来ましたか。
・今日帰ったら何をして遊びたいですか。

近年保護者と子供の話し合いが実施されることが多く、子どもが受けた質問から、子どもとの話し合いのテーマが出されることがあります。例を挙げると、「先ほど、よくするお手伝いについて聞きましたが、もっとできるようになればよいお手伝いを話し合ってください。」、「小学校に入るまで頑張りたいことを相談して教えてください。」などがありました。

〈時間〉　約20分

〈解答〉　省略

学習のポイント

受験者が面接を受けた後、保護者が入室し、親子面接が行われます。お子さまは、先生とのやりとりを保護者に伝える必要があります。普段から頻繁に会話をすることで、お子さまの伝える力を養いましょう。親子課題では、お子様とコミュニケーションをとりながら答える必要があります。話し合いの際は、お子さまが自ら考えて答えられるよう、質問を投げかけるなどしてサポートしましょう。問題時間の多くが、受験者との面接に割かれていることからも分かるように、面接はあくまでお子さまが主に見られています。保護者の方は、お子さまのサポートに徹するようにしてください。

【おすすめ問題集】
新 小学校受験の入試面接Ｑ＆Ａ、面接テスト問題集、面接最強マニュアル
新口頭試問・個別テスト問題集、新ノンペーパーテスト問題集

◎学習効果を上げるため、前掲の「家庭学習ガイド」及び「合格のためのアドバイス」をお読みになり、各校が実施する入試の出題傾向を、良く把握した上で問題に取り組んでください。
※冒頭の「本書ご使用方法」「ご使用にあたっての注意点」も併せてご覧ください。

2022年度以前の問題

問題22　分野：言語（言葉の音）

〈準 備〉　クーピーペン（オレンジ）

〈問 題〉　上の絵を見てください。左の絵は、折り紙です。折り紙は「1枚、2枚」と数え、それと同じように数えるものはシャツと切ってある食パンです。では、下の絵を見て、左の絵と同じ数え方をするものを選び、○をつけてください。

〈時 間〉　30秒

〈解 答〉　下図参照

［2022年度出題］

学習のポイント

ものの数え方について答える問題です。助数詞そのものが難しいものは出題されておらず、難易度も極端に高いわけではない一方で、答えが1つではないことがお手本の絵からもわかるでしょう。問題によっては、答えは必ず1つだけではない、当てはまるものは全て解答となる、ということを日頃から指導しておく必要があります。絵を見て全て同じ助数詞で数えられるかどうか、次に同じものをすべて解答として選べるかどうか、2つの観点から採点するとよいでしょう。

【おすすめ問題集】
　Jr・ウォッチャー18「いろいろな言葉」

問題23　分野：言語（言葉の音）

〈準備〉　クーピーペン（オレンジ）

〈問題〉　上の絵を見てください。３つの絵の語尾の音同士を組み合わせて作ることができるものを選ぶとイチゴになります。では、下の絵も同じように、３つの絵の語尾の音同士を組み合わせて作ることができるものを選んで、○をつけてください。

〈時間〉　20秒

〈解答〉　右端（みかん）

［2022年度出題］

学習のポイント

語尾の音を組み合わせてできる言葉を選ぶ問題です。まずは絵を見て正しい名前が言えるかどうか、次に語尾の音を正確に拾うことができるか、最後に音を組み合わせて正しい言葉にできるかどうか、という３つの段階があります。お子さまが言語を学ぶとき、まずはものの特徴で認識することが多いですが、問題に取り組むうえでは正しいものの名称が言えることが前提になります。慣れるまではお子さまの習熟度や興味に合わせて、正しい名前でものを指す練習をしておくとよいでしょう。また、音の組み合わせをする際は、違っていたら次々と変えていく必要があります。これがお子さまにとって難しい部分となるでしょう。戸惑って思考を止めてしまうことがないように、類題を解く際はどんどん次の選択肢に進むように考えるとよいでしょう。

【おすすめ問題集】
Ｊｒ・ウォッチャー17「言葉の音遊び」、18「いろいろな言葉」、
60「言葉の音（おん）」

問題24　分野：常識（理科）

〈準備〉　クーピーペン（オレンジ）

〈問題〉　リンゴの絵からバナナの絵まで、卵から生まれる生き物のいるマスを通って線を引いてください。ただし、マスは縦か横にしか移動できません。

〈時間〉　１分

〈解答〉　下図参照

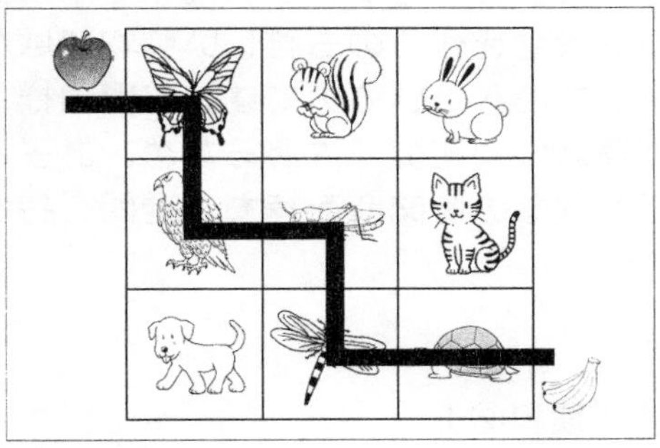

［2022年度出題］

学習のポイント

卵の状態で生まれる生物、胎児の状態で生まれる生物、の区別がつくかどうか問われています。基本的には「哺乳類は胎生」と考えると分かりやすいですが、中にはオットセイやシャチなど、卵を母親の体内で孵化させてから出産する動物もいます。本問で出題されていた動物はわかりやすく卵生・胎生に分かれていましたが、お子さまがもし理解できなかった場合、図鑑や映像資料でしっかりと学習しておきましょう。日常生活の中でも、食事に動物の卵が関係するものは多くあります。さまざまな観点から学習の糸口を探し、興味をもつように指導するとよいでしょう。

【おすすめ問題集】
　Ｊｒ・ウォッチャー11「いろいろな仲間」、27「理科①」、55「理科②」

問題25　分野：常識（理科）

〈準　備〉　クーピーペン（オレンジ）

〈問　題〉　上の動物の足跡と、その動物の子どもを下の絵から探し、線でつなぎましょう。

〈時　間〉　30秒

〈解　答〉　下図参照

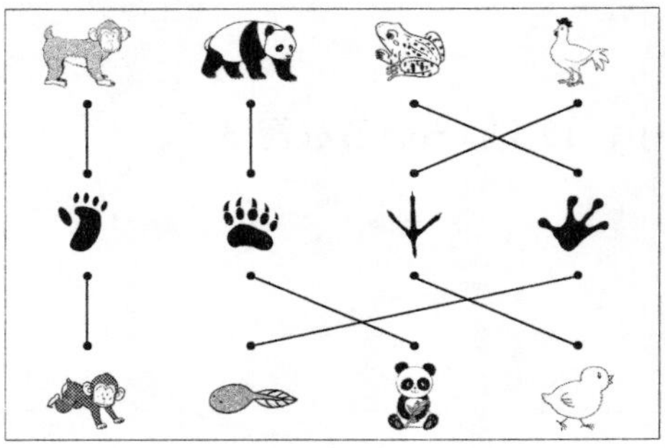

［2022年度出題］

学習のポイント

足跡と子どもを結びつける問題ですが、間接的に動物の生態を理解しているか、実際に動物園などで動物を観察したことがあるか、等の日常的な知識を問われています。パンダは見た目もあまり大きな変化がありませんが、カエル・ニワトリに関しては成長段階で姿かたちが大きく変化する動物です。実際に見る機会を作るのも難しい動物ではないので、このあたりに関してはしっかりと実物を観察しておきたいものです。前問同様、知識の問題ではあるものの、興味関心を持っていれば身につく知識ではあるため、お子さまの知的好奇心を育てるという意味でも、外へ出て様々なものに関心を持ち、疑問を持つ時間を設けてあげるとよいでしょう。

【おすすめ問題集】
　Ｊｒ・ウォッチャー27「理科①」、55「理科②」

問題26　分野：常識（日常生活）

〈準備〉　クーピーペン（オレンジ）

〈問題〉　左・真ん中・右の絵について、それぞれ関係のあるもの同士を線でつないでください。

〈時間〉　20秒

〈解答〉　下図参照

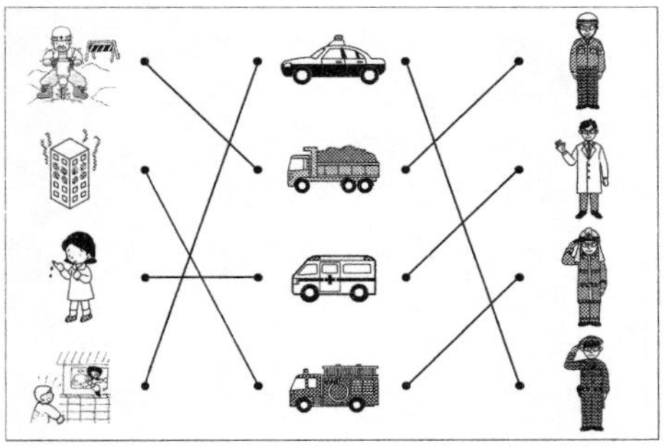

［2022年度出題］

学習のポイント

働く人と働く車の関係を問う問題です。日常生活の中で比較的よく見る車両が実際にどのような場面で活躍するのか、という知識はお子さまの年齢を考えると理解しておくべきものになるでしょう。絵の状況がどのような場面で、どのような職業の人が来るのか、という点に関しては、本問イラストに限らず、しっかりと確認しておく必要があります。なお、現在、救急車には必ずしも医師が搭乗しているわけではありませんが、本問に関しては消防士は消防車につながれるため、救急車と医師をつなぐことが正解となっています。

【おすすめ問題集】

Ｊｒ・ウォッチャー30「日常生活」

問題27　分野：推理（図形）

〈準備〉　クーピーペン（オレンジ）

〈問題〉　上の図は、さまざまな図形が重なってできているものです。下の図形の中から、上の図に使われていない形を探し、○をつけてください。

〈時間〉　30秒

〈解答〉　下図参照

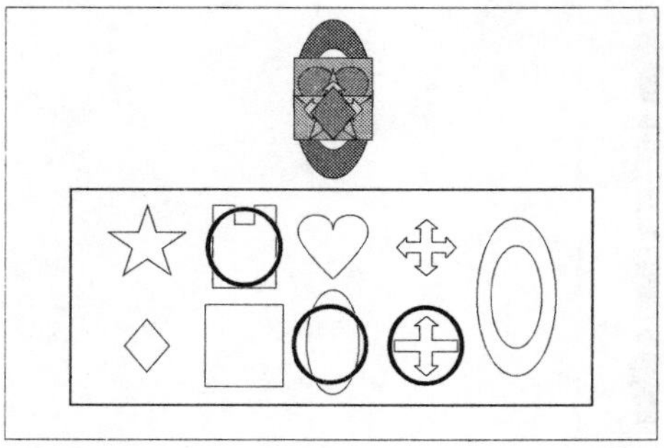

［2022年度出題］

学習のポイント

図形を重ね合わせる問題ですが、解答するのは必要でなかった図形です。指示がしっかり聞けているか、という点が大きなポイントになる問題です。当校全般に言えることですが、問題そのものの難易度はそれほど高くなく、見本がある・一問ごとに問題が切り替わるという点から、人の話をよく聞いているかどうか、という点が重視されていると考えられます。出題者の話をよく聞いて問題を理解し、図形を認識し正確に答える、という２段階で問題を考えるように指導するとよいでしょう。

【おすすめ問題集】

Ｊｒ・ウォッチャー35「重ね図形」

問題28　分野：複合問題（推理・巧緻性）

〈準備〉　クーピーペン（オレンジ）

〈問題〉　ネコ、イヌ、カエルのそれぞれが家に帰ろうとしています。枠線の中で、それぞれの線が交わらないように家に帰る道を引いてください。

〈時間〉　1分

〈解答例〉　下図参照

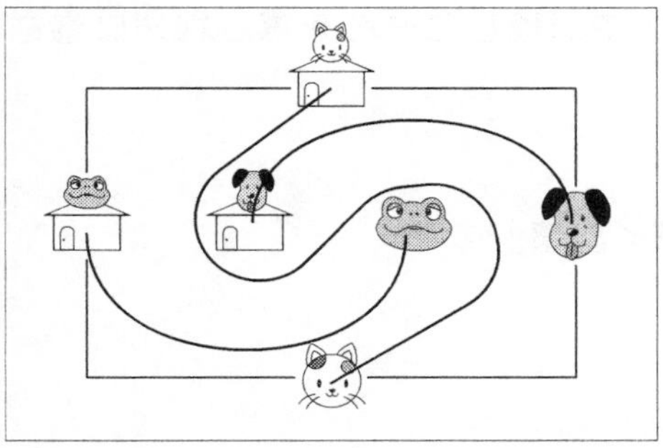

［2022年度出題］

学習のポイント

指示の通り、互いに交わらないように線を引けていれば問題なく解答できるものの、難易度は比較的高いと考えます。線が交わらないようにするためには、まずカエル・イヌの線を決めてしまう必要がある、ということに気付いているかを確認してください。それがわかったうえで問題を改めて解くと、初めは苦戦していたお子さまでも正しく線が引けるようになるでしょう。クーピーペンを利用しますので、焦って強い力をかけてしまったり、逆に筆圧が足りず薄すぎる線になってしまったり、といったことがないように、適度な線を引けているか、という点もご家庭では気にかけておくとよいでしょう。

【おすすめ問題集】

Ｊｒ・ウォッチャー51「運筆①」、52「運筆②」

問題29　分野：見る記憶

〈準備〉　クーピーペン（オレンジ）

〈問題〉　（モニターにネコが動くアニメーションが映される／29－1上部）
アニメーションで、ネコが動いた跡は下の図のような線になります。
では、次のアニメーション（29－2上部）で、ネコとネズミが動いた跡はどのようになりますか。正しいものに○をつけてください。

〈時間〉　20秒

〈解答〉　右から2番目

［2022年度出題］

学習のポイント

モニターの動画を見て解答する問題です。ここでは解答用紙にモニターで映されるアニメーションのコマが描かれていますが、実際の試験では動画を見て、覚えて、答えるという手順になります。記憶の要素がかなり強いので、しっかりとイメージできるようにしておくことです。ネコ・ネズミの動く方向をそれぞれ理解しておく必要がありますが、お子さまの学習進度次第ではまずは片方の動物の移動から把握するように指導するとよいでしょう。はじめのうちはペーパー上で絵を見ながら取り組むようにしてください。それがしっかり理解できるようになってから、頭の中で記憶したものを選ぶ練習に進むようにしましょう。

【おすすめ問題集】

Ｊｒ・ウォッチャー20「見る記憶・聴く記憶」

問題30　分野：推理（ブラックボックス）

〈準備〉　クーピーペン（オレンジ）

〈問題〉　リンゴを入れると、数が変化する魔法の箱があります。どのように変化するかは、上の図のように、箱に描いてある絵によって違います。
では、下の図のように、左のリンゴを魔法の箱に入れていくといくつになりますか。右の四角の中に、その数だけ○を書いてください。

〈時間〉　１分

〈解答〉　○：３つ

[2022年度出題]

学習のポイント

ブラックボックスで数の増減が起きる問題です。まずは上の図を見て、それぞれの絵と規則を理解する必要があります。本問では「ウサギ→１個増える」、「ブタ→１個減る」、「リス→２個減る」という規則であることをお子さまが理解しているか、まずは確認してください。この理解ができていなさそうな場合は、まずは規則の数を減らした類題を用いて練習するとよいでしょう。規則が理解できている場合は、設問の３つ並んだブラックボックスを分けて考え、１つずつ処理していくように指導してください。解答欄に正しく○が書けているか、もしくは誤ってリンゴを書いていないか、という点もポイントになります。

【おすすめ問題集】

Ｊｒ・ウォッチャー31「推理思考」、32「ブラックボックス」、43「数のやりとり」

問題31　分野：お話の記憶

〈準　備〉　クーピーペン（オレンジ）

〈問　題〉　次のお話を聞いて、後の問題に答えてください。

今日は幼稚園の遠足です。ウサギさんはウキウキしながら幼稚園まで歩いていきました。ウサギさんが幼稚園に着くと、まだ誰も来ていませんでした。しばらく待っていると、最初にお友達のコアラさんが来ました。「今日は天気も良くてぽかぽか陽気でとても気持ちがいいね」と２人でお話をしていると、そこにパンダさんがやってきました。パンダさんがタンポポの絵が描いてある帽子をかぶっているのを見て、「今の季節にぴったりだね、よく似合っているよ」とコアラさんが言いました。その後に、タヌキさんやブタさんも来て、皆で楽しく話しているうちにバスが到着しました。いよいよ出発です。バスの窓から景色を眺めていると、きれいに咲いている桜が見えました。ウサギさんはうっとりしながら桜を見ていたのですが、急に強い風が吹いてきて窓ガラスがガタガタと大きな音をたてて揺れました。ウサギさんは怖くなって、目をぎゅっと瞑りました。しばらくして風が止んだのでそっと目を開けると、そこはバスの中ではなく見たことのない場所でした。びっくりして周りを見渡しましたが、コアラさんもパンダさんもいません。独りぼっちになってしまったウサギさんは寂しくなり、皆を探しに行くことにしました。どんどん歩いていると「おもちゃの国」と書いてある看板を見つけました。おもちゃの国に入って進んでいくと「こっちにおいで」と誰かの声がしました。声のする方に向かってピョンピョン跳ねながら奥に進んでいくと海がありました。そこには、ウサギさんが大事にしている人形のクジラがいました。クジラのクーちゃんは大きくなって海を泳いでいます。「皆のいるバスに戻りたいの」と言うと、くーちゃんが「僕の背中に乗って」と言いました。くーちゃんの背中に乗ると、くーちゃんは潮を吹きました。すると、その潮から虹ができて滑り台になりました。「さあ、この虹を滑って」とくーちゃんが言うので、ウサギさんは思い切って虹の滑り台を滑りました。滑り降りると目の前にはお城がありました。お城の中からは楽しい声が聞こえてきます。こっそり扉を開けてのぞいてみると、王子様・お姫様・優しい魔女の人形が踊っていました。どれもウサギさんが赤ちゃんの頃から大事にしていたぬいぐるみです。皆で一緒に楽しく踊ったあと、三人が「いつも一緒に遊んでくれてありがとう、大好きだよ」と言って四つ葉のクローバーのハンカチをプレゼントしてくれました。ウサギさんは「ありがとう」と言ってお城から出るとまた強い風が吹いてきました。怖くなってウサギさんは目をつぶって風がおさまるのを待ちました。風が止んだのでゆっくり目を開けると、バスの中でした。パンダさんに「おはよう、長い間寝ていたね。もうすぐ到着するみたいだよ」と言われました。さっきまでのことは夢だったのか、と思いましたがポケットが膨らんでいることに気付きました。ポケットの中のものを取り出すと、それはお城で人形たちにもらったハンカチでした。

（31－１を渡す）
①ウサギさんがもらったハンカチの模様を選び、○をつけてください。
②パンダさんがかぶっていた帽子の模様を選び、○をつけてください。
③ウサギさんの次に幼稚園に来た動物を選び、○をつけてください。
④お城で踊っていたものを選び、○をつけてください。
（31－２を渡す）
⑤このお話の順番どおりに並んでいるものを選び、○をつけてください。
⑥このお話の季節に咲いている花を選び、○をつけてください。

〈時 間〉　各15秒（⑤のみ40秒）

〈解 答〉　下図参照

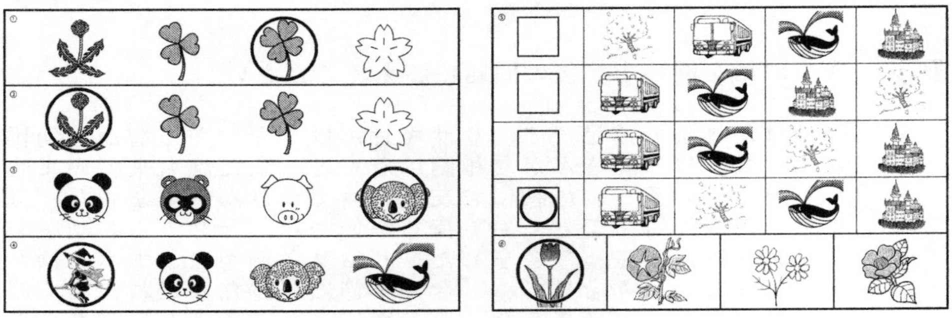

［2022年度出題］

学習のポイント

後半で出題されるお話の記憶としては、かなり長文での出題です。お子さまの集中力がかなり削がれた状態で始まるので、長時間に及ぶ試験時間中、しっかりと集中力が保てるかがポイントとなります。問題としては極端に難易度の高いものが出題されることはありませんが、お子さま自身がお話を聞きながら、現在の登場人物の状況を理解できているかどうかは採点時に確認しておくとよいでしょう。また、植物と季節に関する問題は当校では頻繁に出題されます。理科分野の部分と重複しますが、実際の植物を見たり、図鑑を見たりと知識をたくさんつけておくことが大事になります。

【おすすめ問題集】
1話5分の読み聞かせお話集①・②、お話の記憶問題集 中級編・上級編、
Ｊｒ・ウォッチャー19「お話の記憶」

問題32　分野：口頭試問

〈準 備〉　なし

〈問 題〉　4つの絵の中で、悪いことをしている人がいる絵を選んでください。
また、なぜ悪いのか説明してください。

〈時 間〉　1分

〈解 答〉　省略

［2022年度出題］

学習のポイント

４つの絵は全て横断歩道を渡る様子が描かれています。横断歩道があるのにそれ以外のところで道路を横断すること、スマートフォンや携帯を見ながら横断歩道を渡ること、道路でボール遊びをしながら横断すること、といった悪い点をお子さまが指摘できていれば問題ありません。普段から外出する際に、マナー違反のことをしないように、保護者の方も含めてしっかりと学習する必要があります。また、お子さまが口頭試問ではっきりと受け答えすることができるように、人の話をしっかり聞いて答えられる言語力も同時に伸ばしておきましょう。

【おすすめ問題集】
新 口頭試問・個別テスト問題集、新 ノンペーパーテスト問題集

問題33　分野：制作

〈準 備〉　この問題は絵を参考にしてください。
マーカーペン２本（赤・青）、紙コップ、紐、色紙、セロハンテープ、トレー
紙コップの底に穴を開け、側面に紐をセロハンテープで貼っておく。
色紙は横線を引き、下の紙に番号を書いておく。

〈問 題〉　①色紙の線の上を手でちぎり、２枚に分けてください。
②分けた紙のうち、番号が書いてあるものはトレーに入れてください。
③もう一枚の紙を手で丸めてください。
④紙コップの穴に外側から紐を通し、紐の先端と丸めた紙をセロハンテープで貼り付けてください。
⑤紙コップの外側にマーカーペンを２色使って、模様を描いてください。

〈時 間〉　適宜

〈解 答〉　省略

［2022年度出題］

学習のポイント

はじめにすべての手順が説明され、①から⑤の順に作業を進めていく問題です。作業時間は工程別にモニターで表されているため、まずは先生の話を聞き、時間内に決められた作業ができるかどうか、という点が非常に重要です。「切る（ちぎる）」「丸める」「穴を通す」「接着する」「塗る」といった基本的な作業ですので、課題自体はそれほど難しいものではありませんが、工程が多く、説明も一度のみですので、指示された時間に作業を丁寧に行うことを第一に考えるとよいでしょう。

【おすすめ問題集】
実践 ゆびさきトレーニング①・②・③、Ｊｒ・ウォッチャー23「切る・貼る・塗る」

問題34　分野：行動観察（音楽）

〈準備〉　太鼓のバチ、ハイホーのリズムの音源、マット

〈問題〉　この問題の絵はありません。
①好きな歌を踊りながら歌ってください。
②流れてくるリズムと同じリズムで、マットをバチで叩いてください。

〈時間〉　適宜

〈解答〉　省略

[2022年度出題]

学習のポイント

運動の中の１課題として行われることの多かった音楽ですが、2021年度からは独立した形で実施されています。ですが、観られているのは音楽的な素養ではありません。歌いながら踊ったり、バチでリズムを取ったり、といった課題にどう取り組むかという姿勢が観られています。歌や踊りの質が問われているわけではないのです。あまり得意ではないからといって消極的になってしまうお子さまもいるかと思いますが、そうしたお子さまには「上手い下手は関係ないんだよ」と伝えてあげてください。上手でなくても大きな声で歌い、ぎこちなくても一生懸命踊っていれば、先生はちゃんと評価してくれます。

【おすすめ問題集】
Ｊｒ・ウォッチャー29「行動観察」

問題35　分野：行動観察（表現）

〈準備〉　忍者の写真、動物の写真、写真を映すモニター、衝立

〈問題〉　この問題は絵を参考にしてください。
（３～４名のグループで行う）
指示に従って、行動してください。
①手裏剣を投げる忍者の真似をしてください。
②その場で駆け足をしてください。
③水の上を歩く真似(足を滑らせて進む)をしてください。
④声を出さずにネコとゾウの真似をしてください。

〈時間〉　適宜

〈解答〉　省略

[2022年度出題]

学習のポイント

モニターに映された写真を見ながら、その真似をするという問題です。グループで行うものの、各人の間には衝立があり、集団行動をみているのではなく、それぞれ指示に従って表現ができているか、という点が採点されていると考えられます。前問同様、出来の良し悪しを見ているのではなく、指示に従って身体を動かして表現ができているかどうかが大切なので、恥ずかしがらずにしっかりと身体を動かし、写真と指示を受けて表現を行うように指導してください。なお、本問では特段の指定がなかった以上、動物の表現をする際に勝手に鳴き声を入れてみたり、といったことはしないようにしましょう。

【おすすめ問題集】

Ｊｒ・ウォッチャー29「行動観察」

問題36　分野：行動観察（集団行動）

〈準備〉　プッシュポップバブル、丸型の容器
模造紙、色鉛筆、虹色の鉛筆、星型のシール

〈問題〉　①【プッシュポップバブルのテトリス】
５～８人でチームを作り、２チームで対戦します。
丸型の容器にプッシュポップバブルを敷き詰め、多く入れたチームが勝ちです。
プッシュポップバブルを入れる人は、先生が決めます。入れる人は、決められた立ち位置から動いてはいけません。他の人は、敷き詰め方のアイデアを発言したり、応援したりしてください。パズルは重ねてはいけません。
勝っても歓声を挙げたり、喜ばないようにしてください。

②【ポスター作り】
この問題は絵を参考にしてください。
模造紙に王子様とお姫様がプリントされています。チームで協力して、色鉛筆で色を塗り、人物の顔を描いてください。
途中で、虹色の鉛筆と星型のシールを渡しますので、それを使って絵を仕上げてください。

〈時間〉　適宜

〈解答〉　省略

[2022年度出題]

学習のポイント

例年行われているゲーム形式の行動観察です。行われている課題は違いますが、観られているポイントに変化はありません。大まかに言うと「指示を守れるか」「集団行動ができるか」という２点です。これは小学校入学後に必要とされる最低限の約束事です。行動観察を通してそうした資質を観ています。当校の行動観察はゲーム形式なので、夢中になってしまい、お子さまの本質が出やすくなります。試験直前になって「あれをしなさい」「これをしてはだめ」と言ったところで、すぐにできるようにはなりません。ふだんの生活の中から「話をよく聞く」「自分の意見を言う」「人の意見を聞く」といったことができるように心がけていきましょう。

【おすすめ問題集】
Ｊｒ・ウォッチャー29「行動観察」

問題37　分野：言語（言葉の音）

〈準備〉　クーピーペン（オレンジ）

〈問題〉　（モニターに桜の木が映される／問題37上）
サクラという名前の音を１つ変えるとどんな名前になるでしょうか。下の四角の中から選んで〇をつけてください。

〈時間〉　30秒

〈解答〉　左から２番目（枕）

［2021年度出題］

学習のポイント

当校のペーパー試験ではモニターを使った出題も行われます。紙に書いてあるかモニターに映し出されているかの違いだけではありますが、モニターでの出題の場合、カラーだったり、写真だったりすることあります。大人にとっては大きな違いはないかもしれませんが、お子さまにとっては戸惑う要因にもなります。タブレットやパソコンなどを使って慣れておく必要があるでしょう。問題自体は、「サ」「ク」「ラ」の１音だけ入れ替えて違う言葉を作るというものです。まず、言葉が音の組み合わせによってできているということをしっかりと理解した上で、問題に取り組んでいきましょう。

【おすすめ問題集】
Ｊｒ・ウォッチャー17「言葉の音遊び」、18「いろいろな言葉」、
60「言葉の音（おん）」

問題38　分野：図形（回転図形）

〈準備〉　クーピーペン（オレンジ）

〈問題〉　左の風車が回って右のようになりました。？のところにはどんな模様が入るでしょうか。下の四角の中から選んで○をつけてください。

〈時間〉　20秒

〈解答〉　左端

［2021年度出題］

学習のポイント

回転図形の問題ですが、観覧車（系列）の問題と考えることもできます。形を中心にとらえれば回転図形、模様を中心にとらえれば観覧車ということです。模様が複雑なので難しく感じてしまいがちですが、本問に関しては一発で正解を見つけることができます。右の形の？マークの反対側には斜め線の模様があります。つまり、左の形で斜め線の反対側にある模様が正解です。この解き方は、あくまでも受験テクニックなので、こうした方法もあるということを覚えておく程度にしておいてください。形を回転させるイメージができることや並び方の法則を見つけることができなければ、問題を理解したとは言えません。基本的な解き方をしっかりと身に付けることが最優先です。

【おすすめ問題集】

Ｊｒ・ウォッチャー46「回転図形」、50「観覧車」

問題39　分野：図形（展開図）

〈準備〉　クーピーペン（オレンジ）

〈問題〉　それぞれの形を組み立ててサイコロの形にした時、ハートが向かい合わせになるものに○をつけてください。ただし、ハートの向きも同じにならなくてはいけません。

〈時間〉　１分

〈解答〉　左下

［2021年度出題］

学習のポイント

サイコロの展開図は小学校受験の中でも難しい部類に入る問題です。本問をペーパー上で考えてもお子さまは理解しにくいので、切り取ってサイコロを組み立ててみましょう。実際に組み立てることで、平面が立体になる様子もわかりますし、どの面とどの面が向かい合わせになるのかもわかります。こうした経験を積み重ねていくことで、ペーパーという平面から立体がイメージできるようになるのです。慣れていないうちは、まずどの面とどの面が向かい合わせになるのかを把握できるようにしましょう。向きを考えるのはその後で充分です。難しい問題も、そうした小さな積み重ねによって解けるようになっていきます。

【おすすめ問題集】
Ｊｒ・ウォッチャー５「回転・展開」

問題40　分野：図形（図形分割）

〈準備〉　クーピーペン（オレンジ）

〈問題〉　下の四角の中の形を３つ組み合わせて上の形を作ります。その時に使わないものはどれでしょうか。選んで○をつけてください。

〈時間〉　30秒

〈解答〉　左から２番目

[2021年度出題]

学習のポイント

本問も選択肢の４つの形を切り取って、実際に上の形にはめ込んでみましょう。自分で手を動かして形を作っていくことで、形の組み合わせを感覚的につかめるようになります。こうした感覚は「図形センス」と呼ばれたりしています。図形の動きを目で見ることは、頭の中で図形を動かすことにつながっています。実際の経験なしに頭の中でイメージすることはできないのです。また、問題の中で特に指示（回してもよいなど）がない場合、まずは向きを変えずに形を作っていくことをおすすめします。それでうまくいかなかった時にはじめて、回転させたり、ひっくり返したりすることを考えるとよいでしょう。

【おすすめ問題集】
Ｊｒ・ウォッチャー３「パズル」、45「図形分割」、54「図形の構成」

問題1

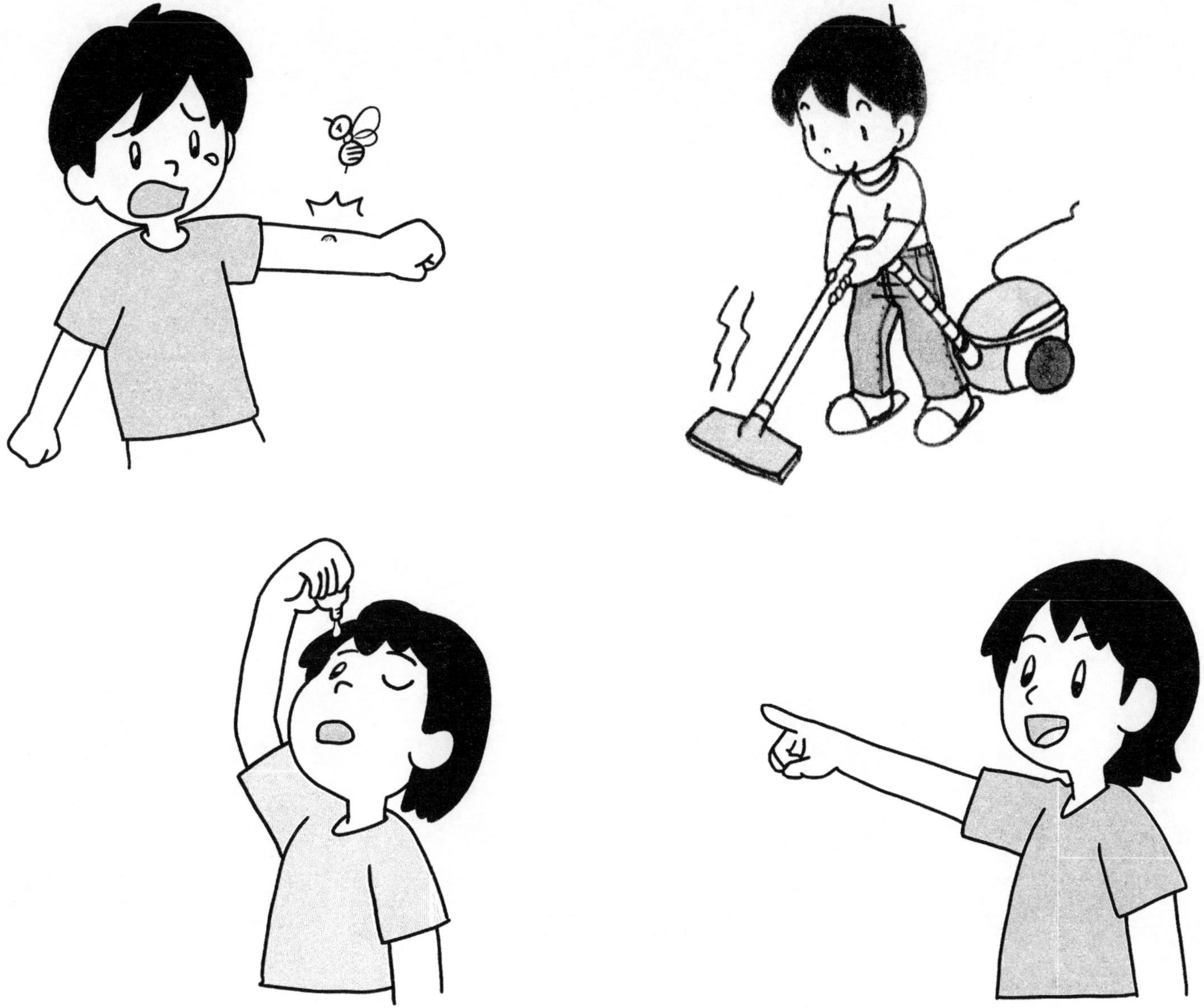

問題2

問題 3

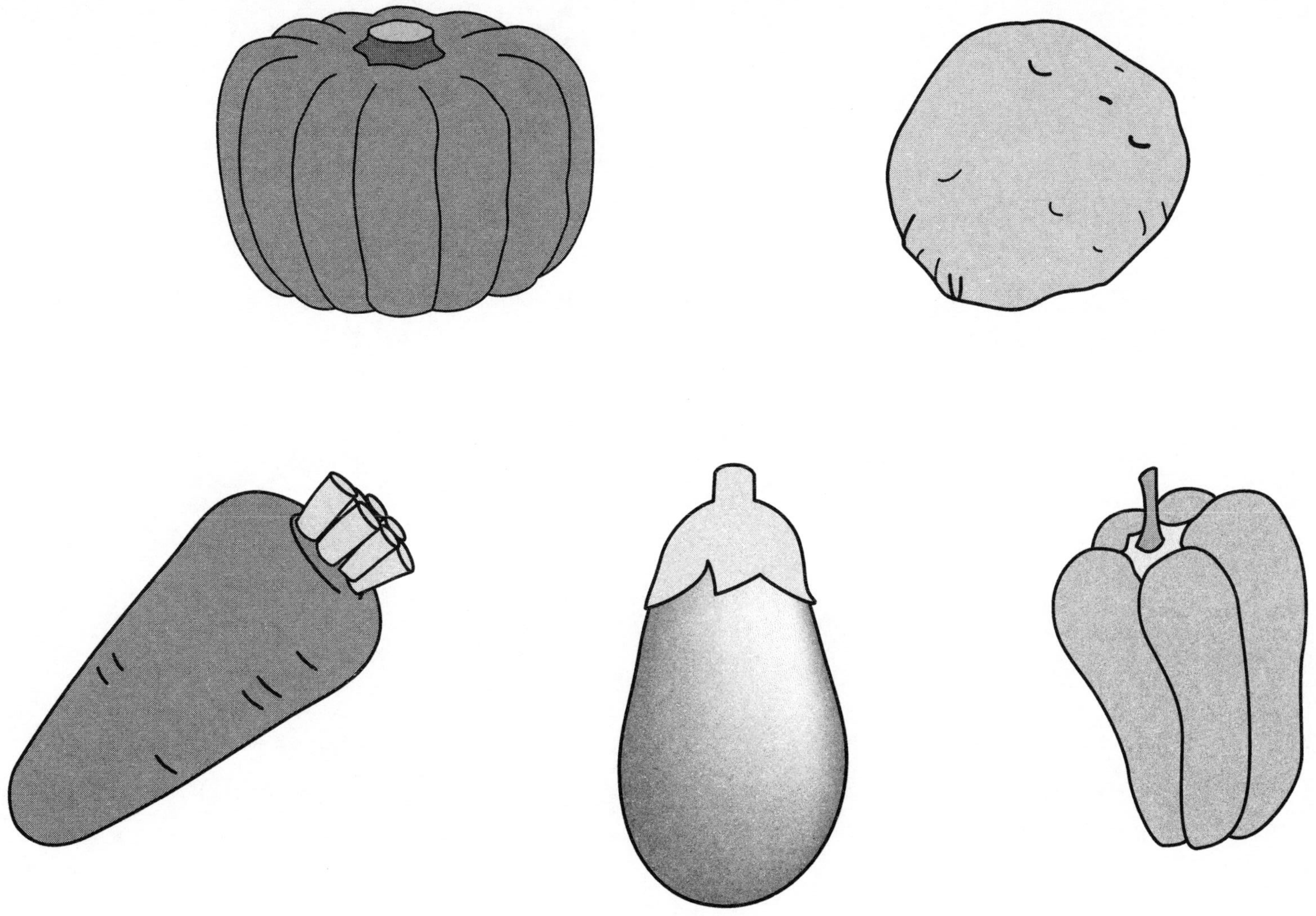

問題4

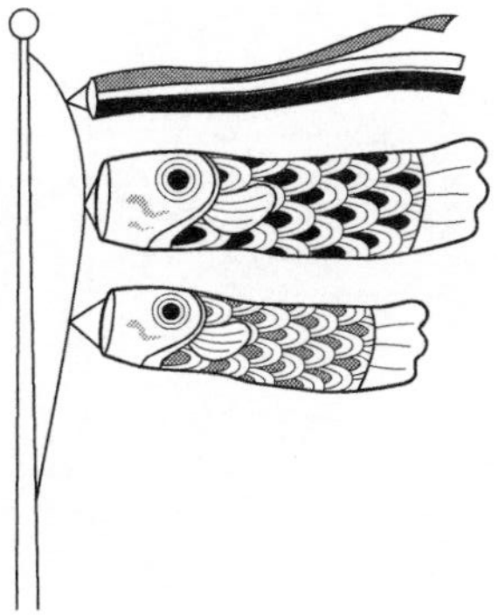

問題4

問題5

2024 年度 附属池田 過去 無断複製／転載を禁ずる 日本学習図書株式会社

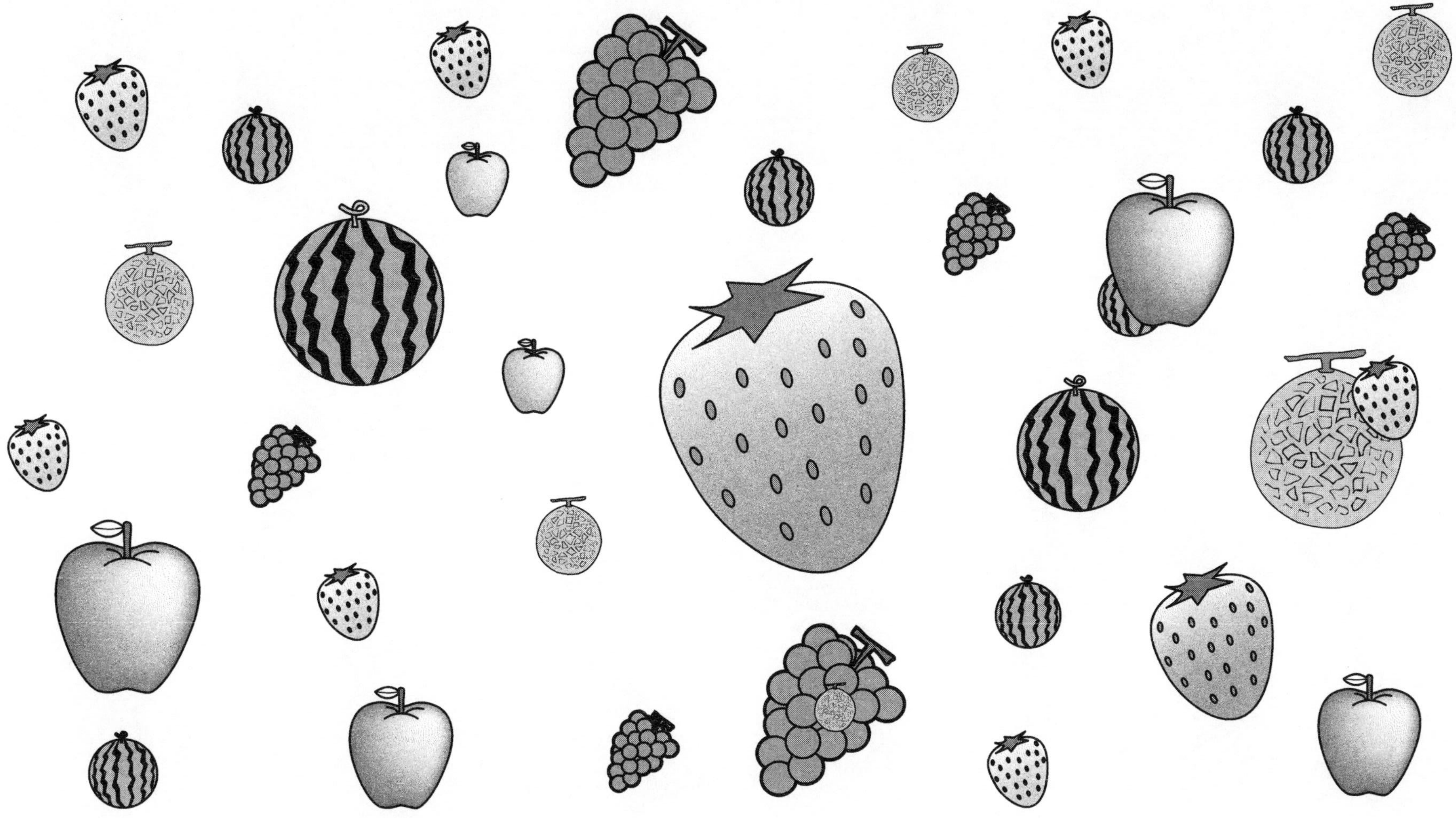

問題7

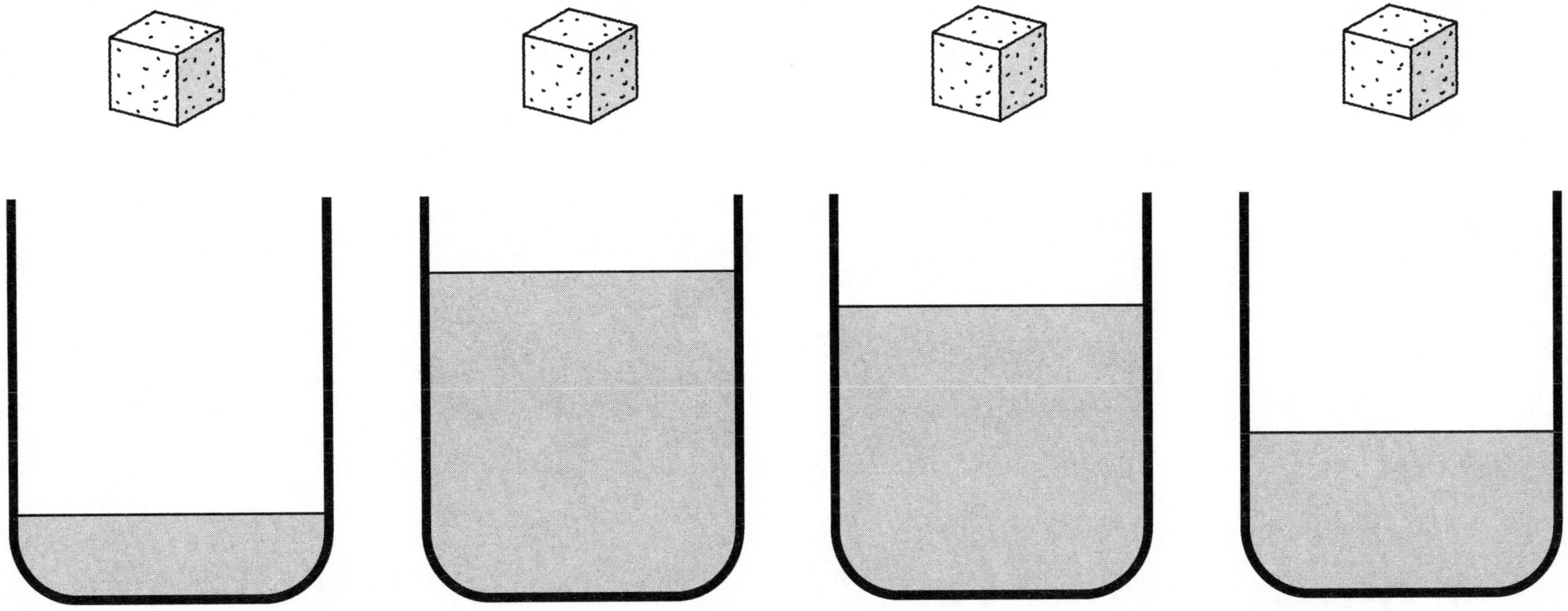

問題7

日本学習図書株式会社

2024 年度 附属池田 過去 無断複製／転載を禁ずる

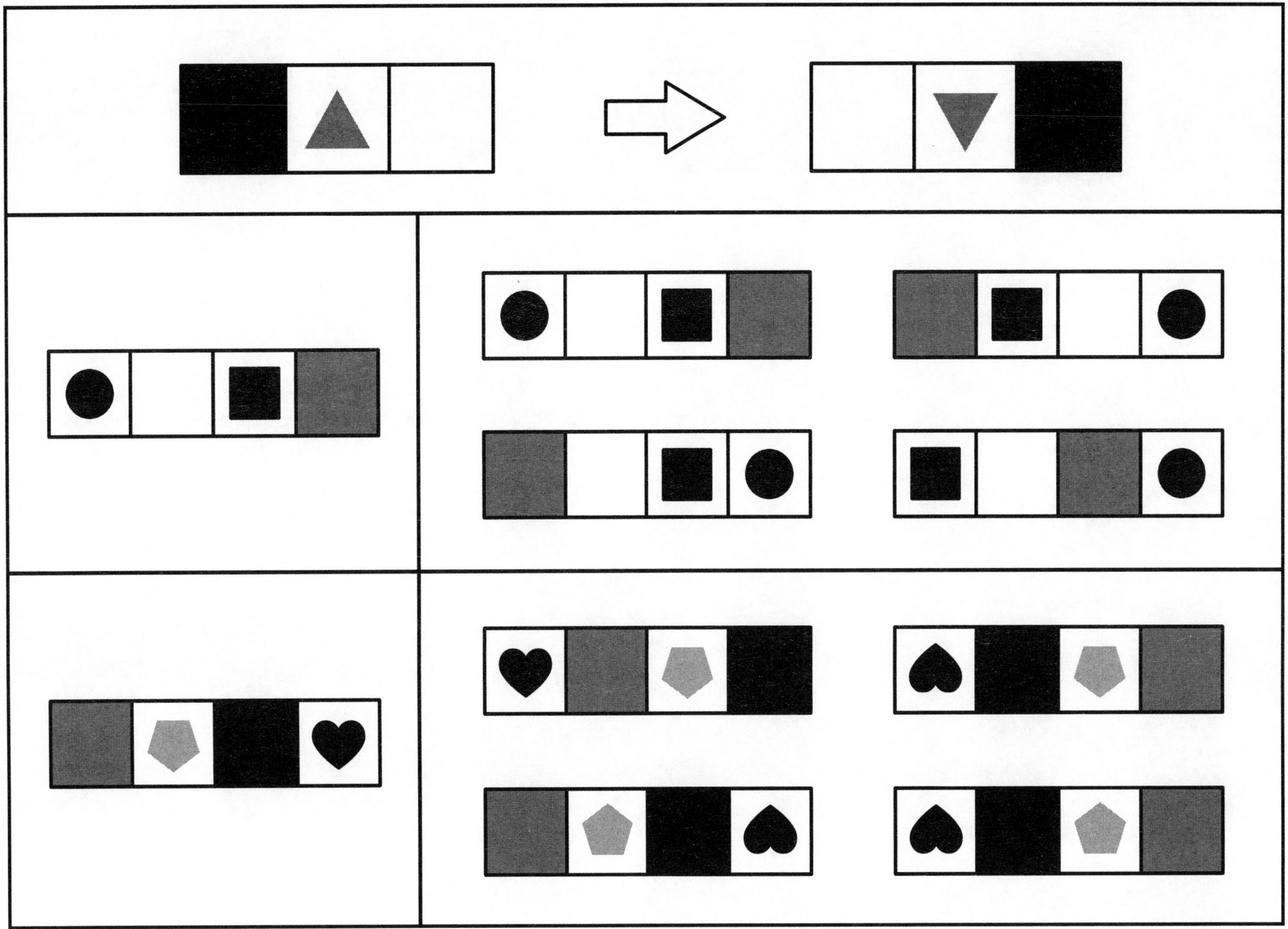

2024 年度 附属池田 過去　無断複製／転載を禁ずる　　　　日本学習図書株式会社

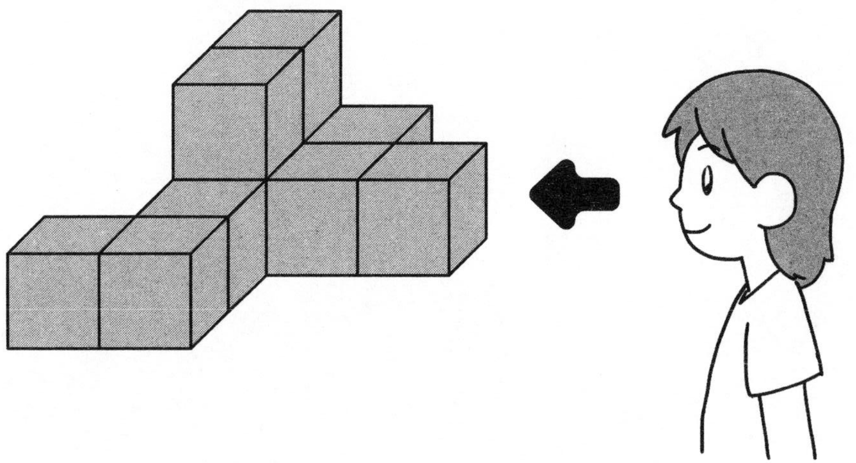

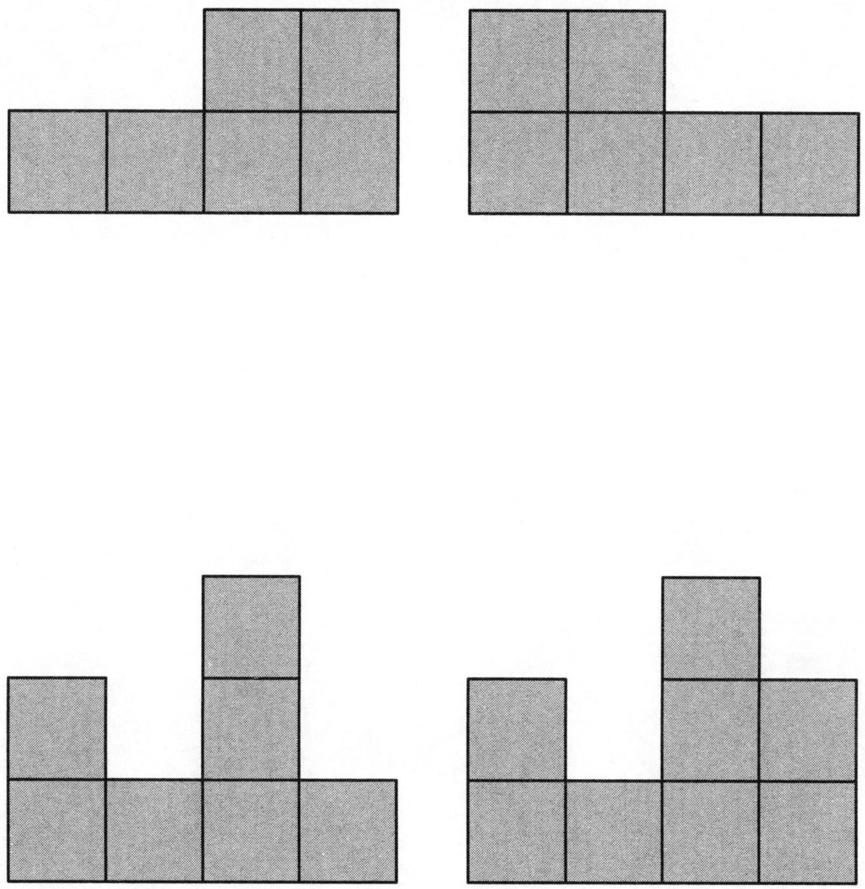

問題１０

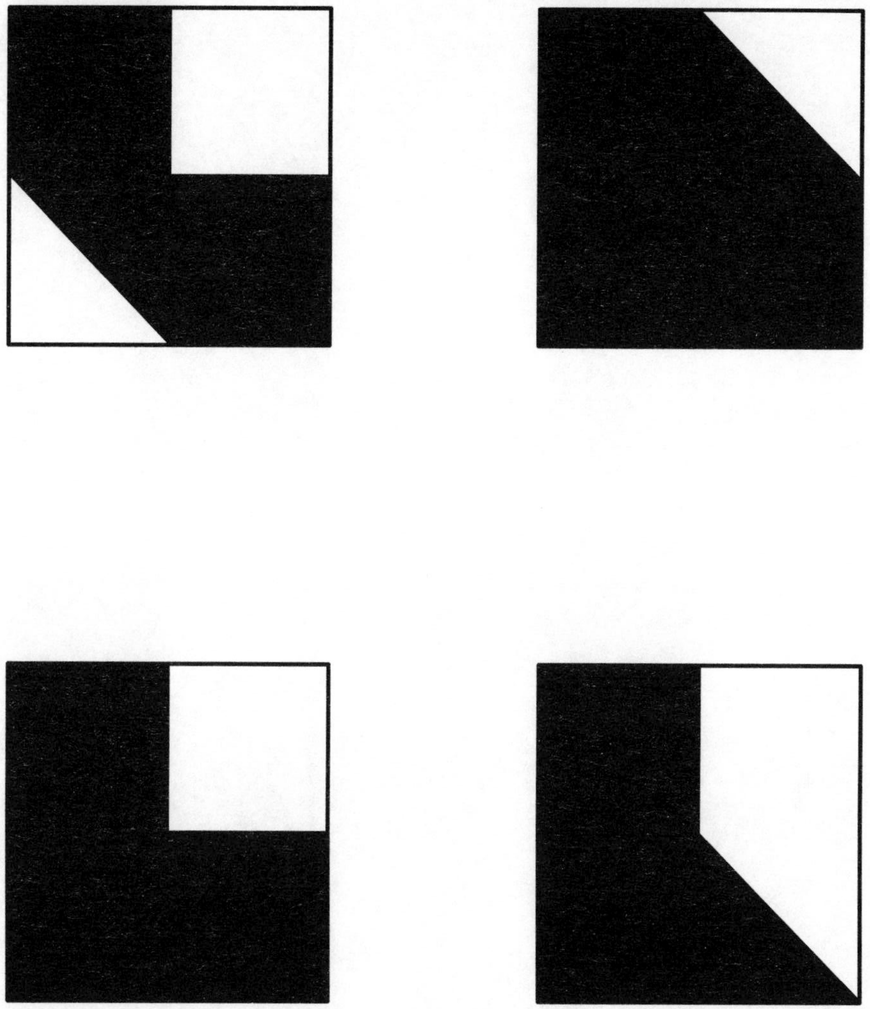

2024年度 附属池田 過去 無断複製／転載を禁ずる

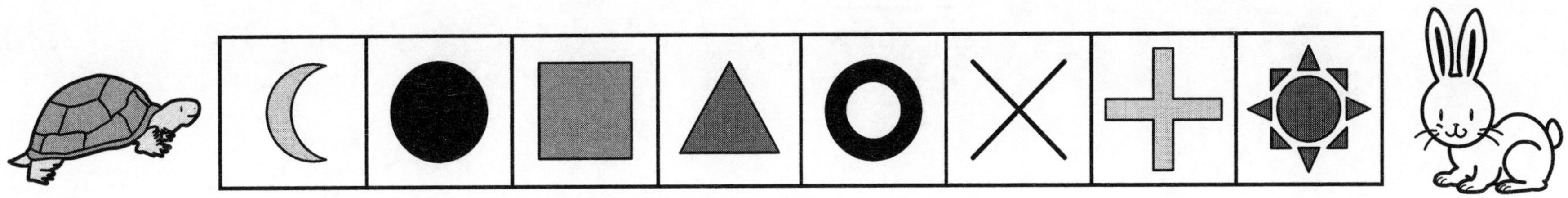

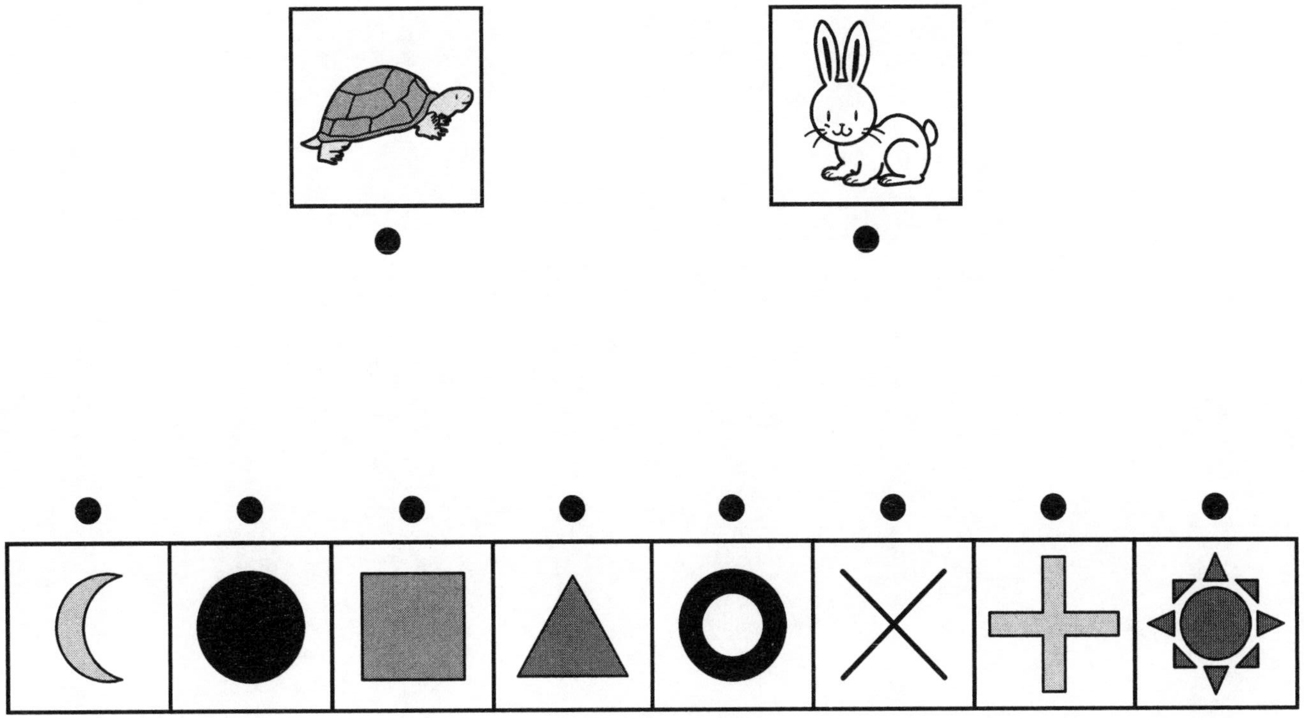

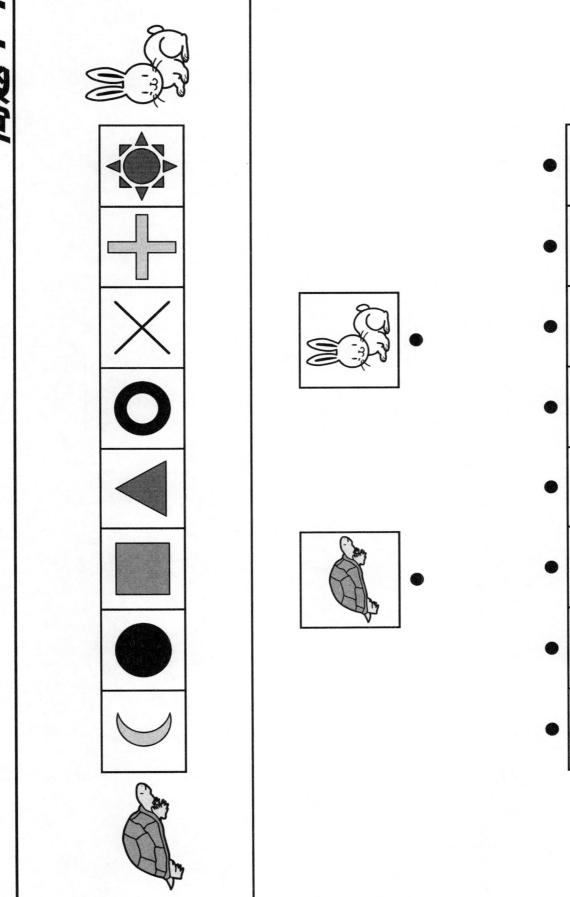

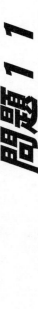

問題１２

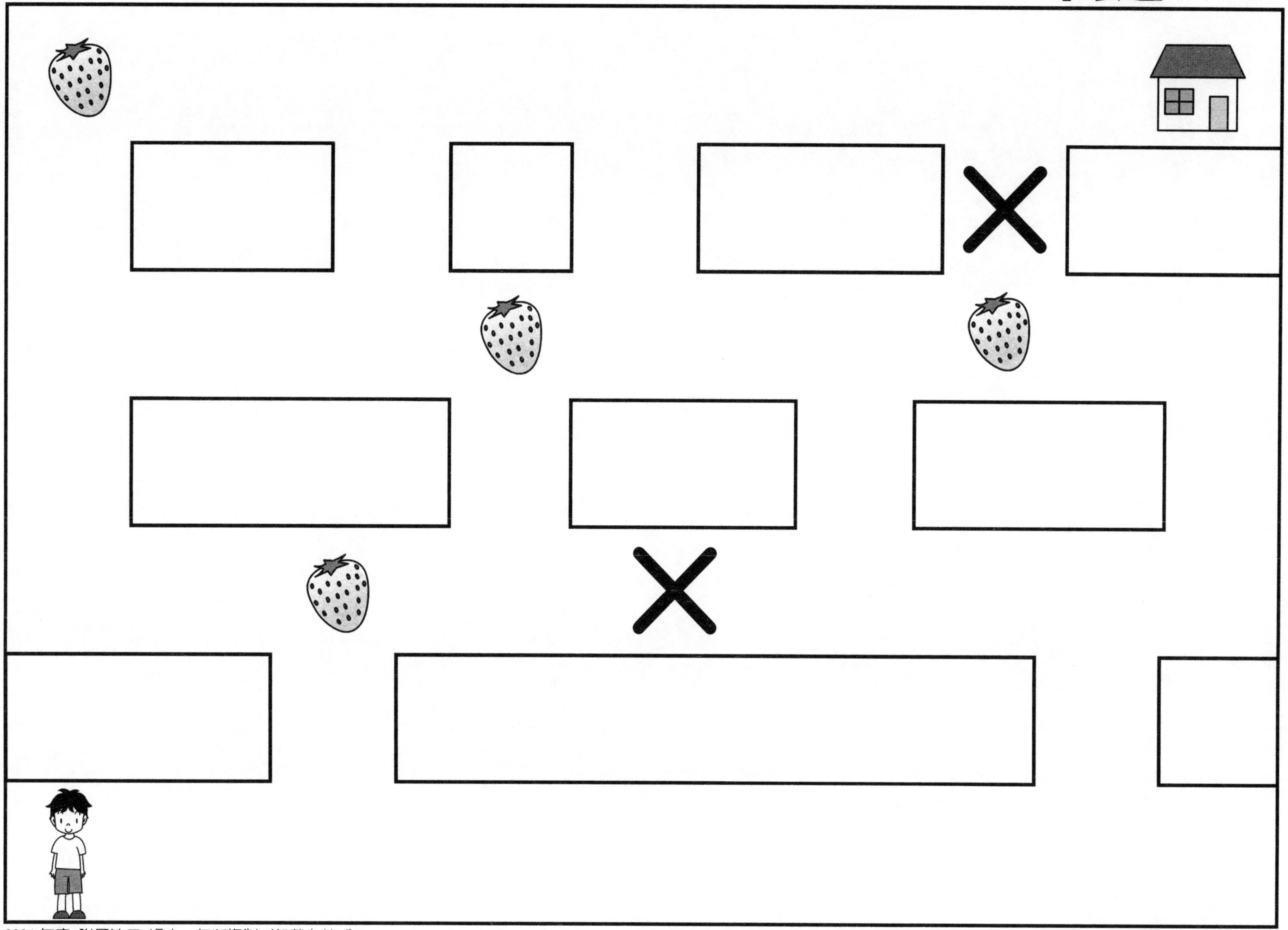

問題１３

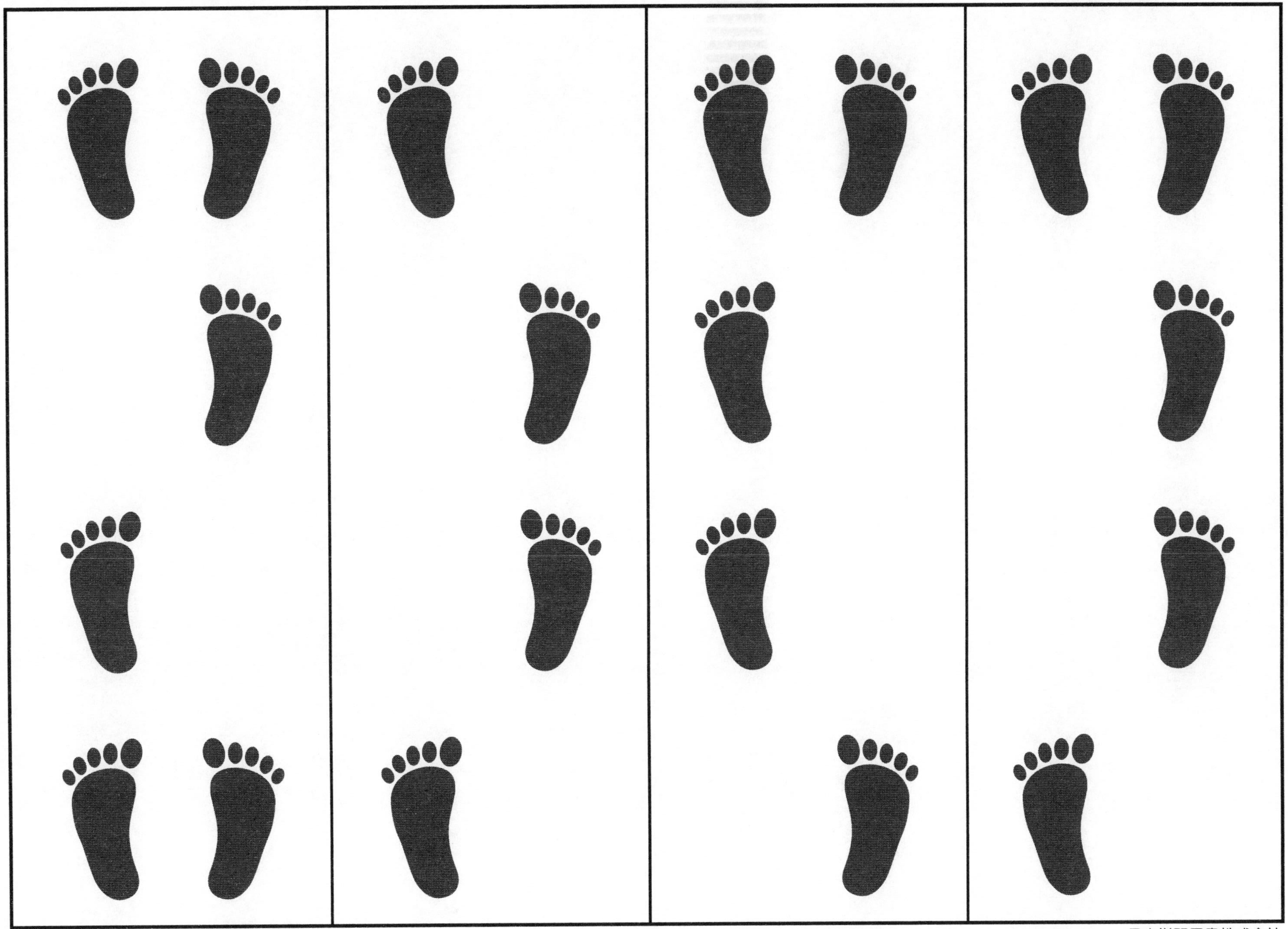

問題１４－１

①

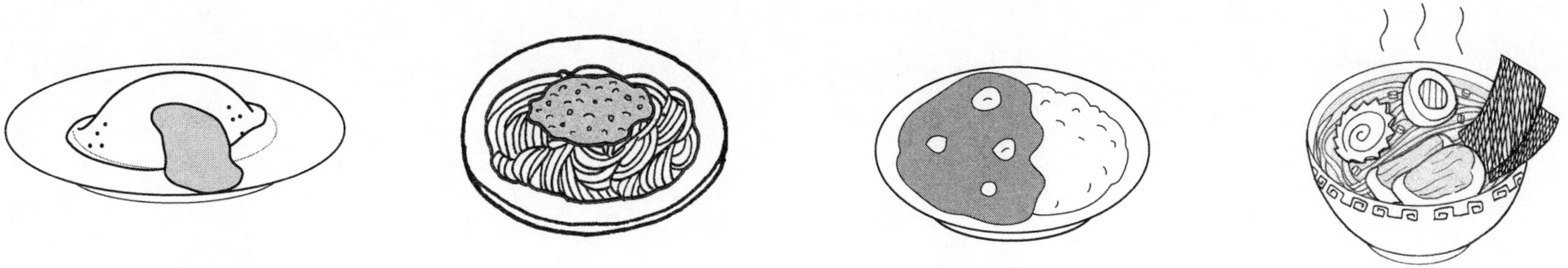

②

③

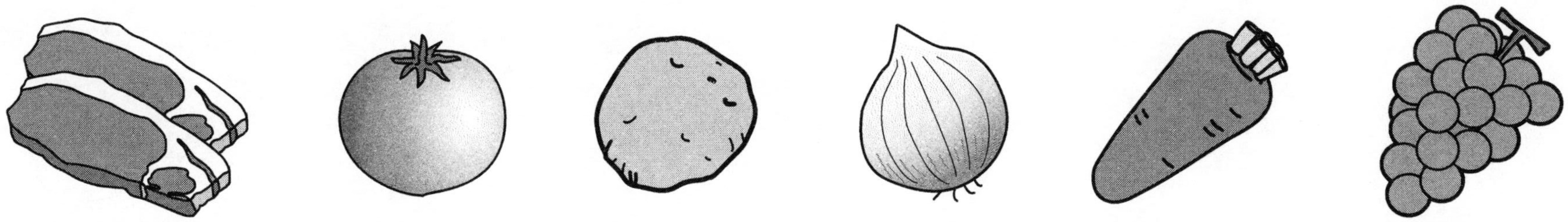

問題１４－２

問題15

問題１６

日本学習図書株式会社

問題１９－１

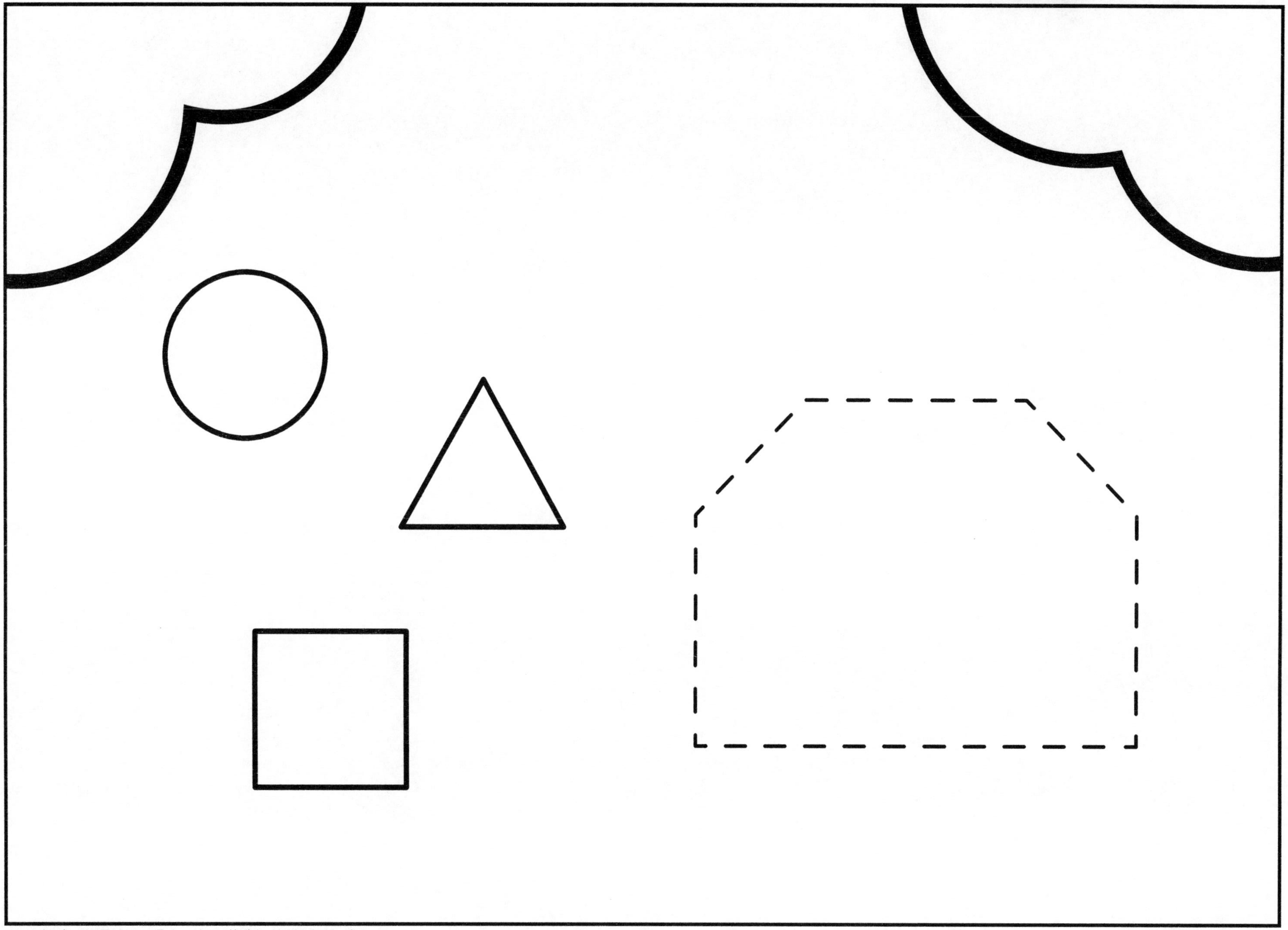

2024 年度 附属池田 過去 無断複製／転載を禁ずる

日本学習図書株式会社

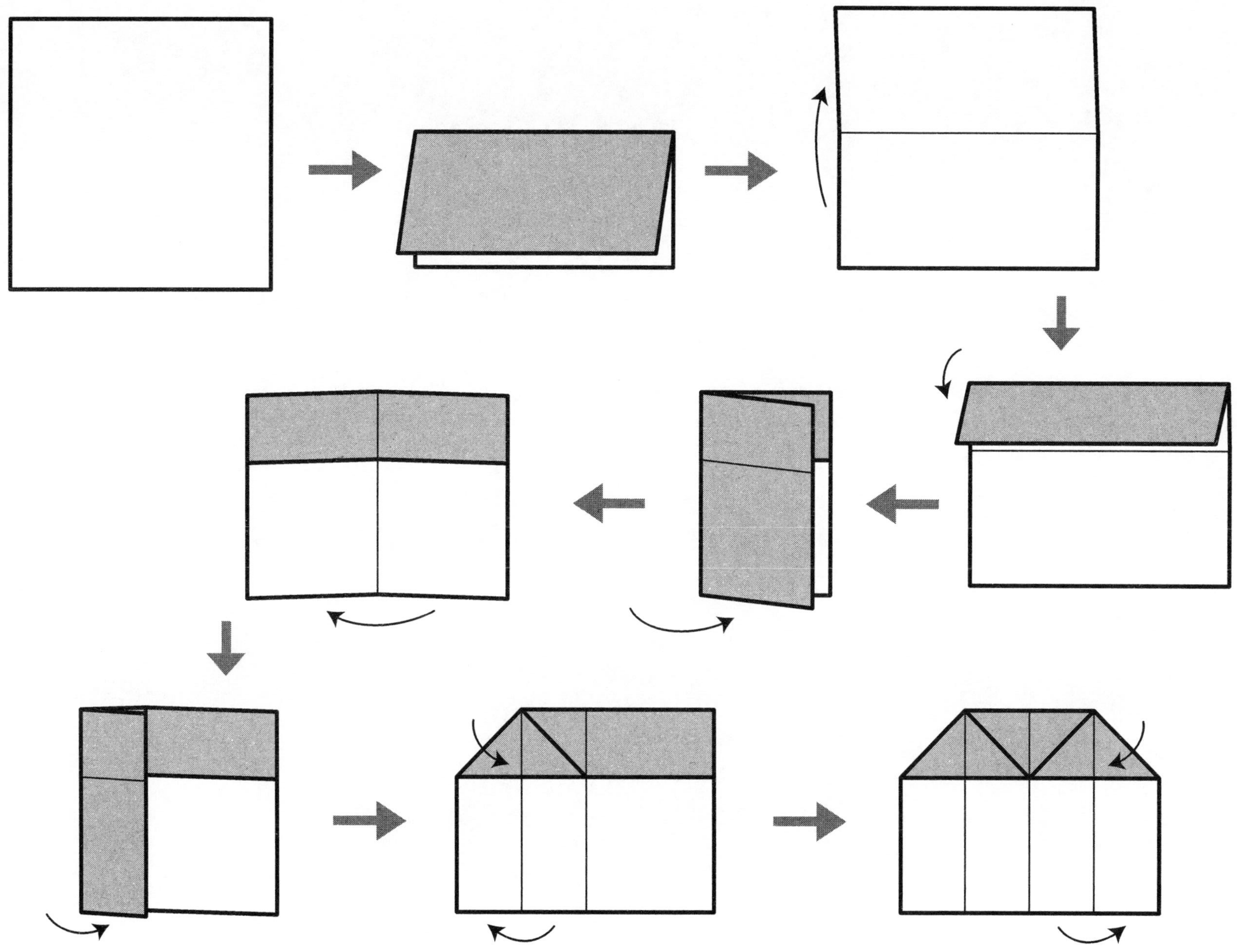

問題２０

日本学習図書株式会社

問題２２

日本学習図書株式会社

問題２３

問題２４

問題２５

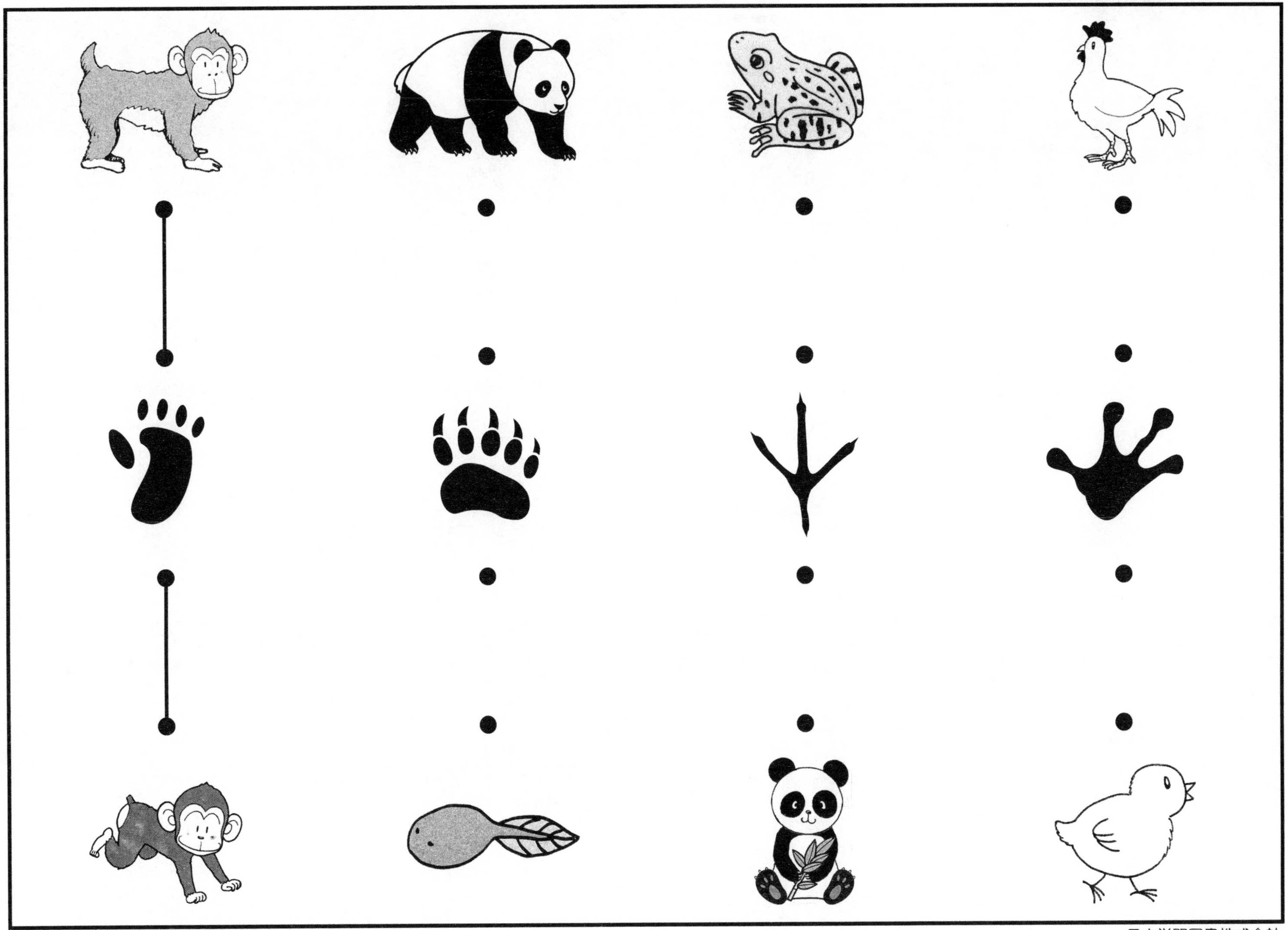

問題26

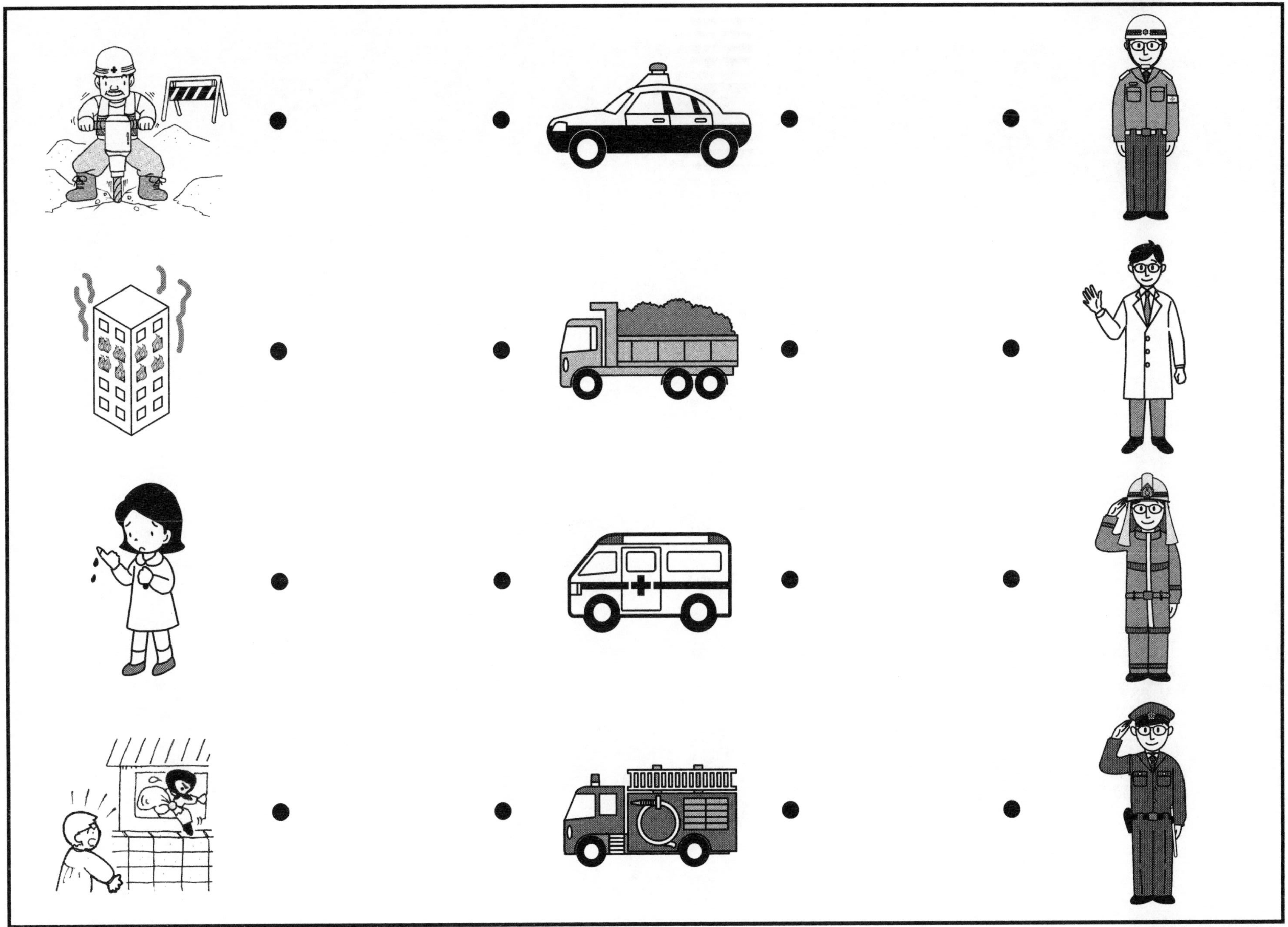

問題２７

問題２８

問題２９－１

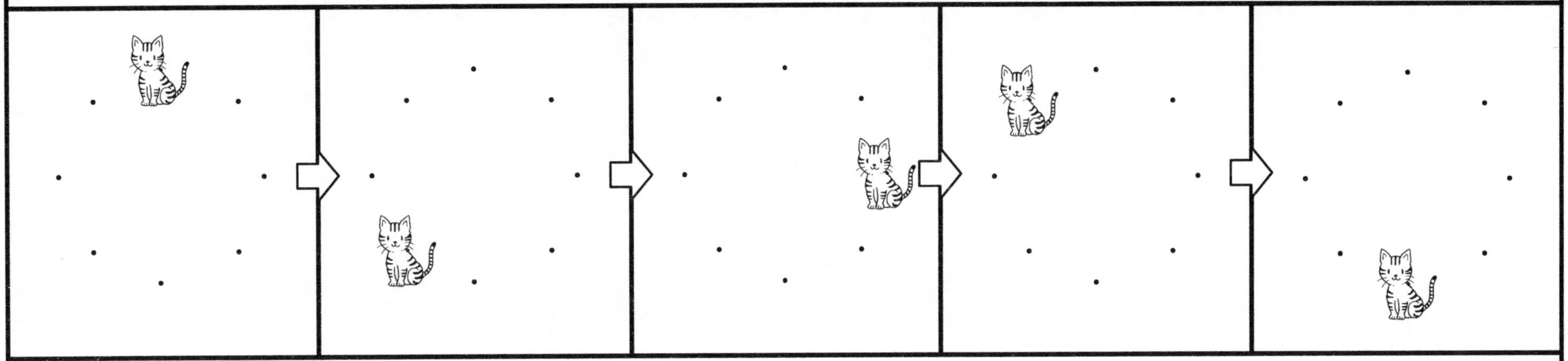

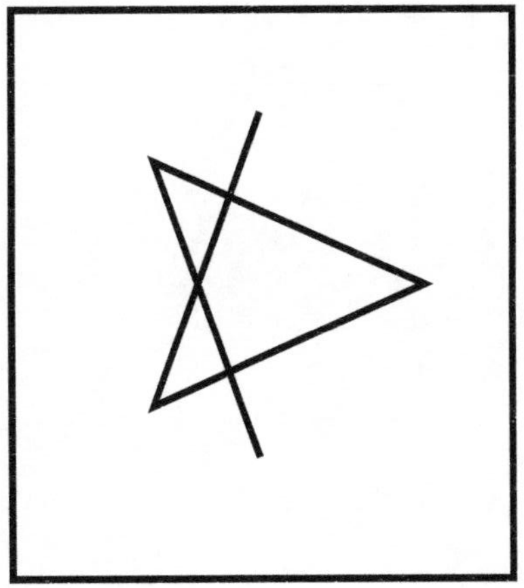

問題29-2

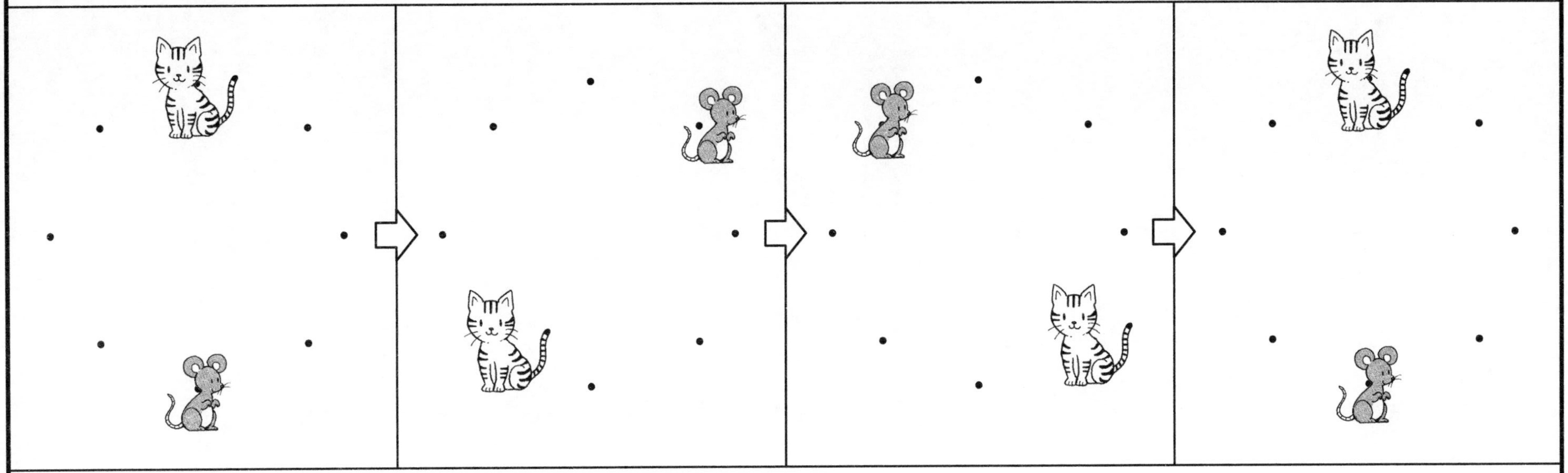

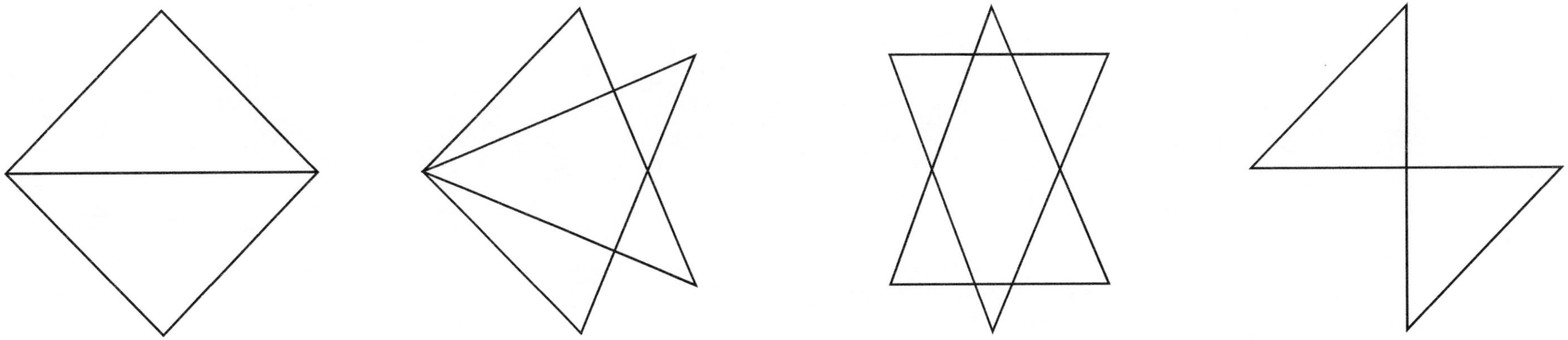

問題３０

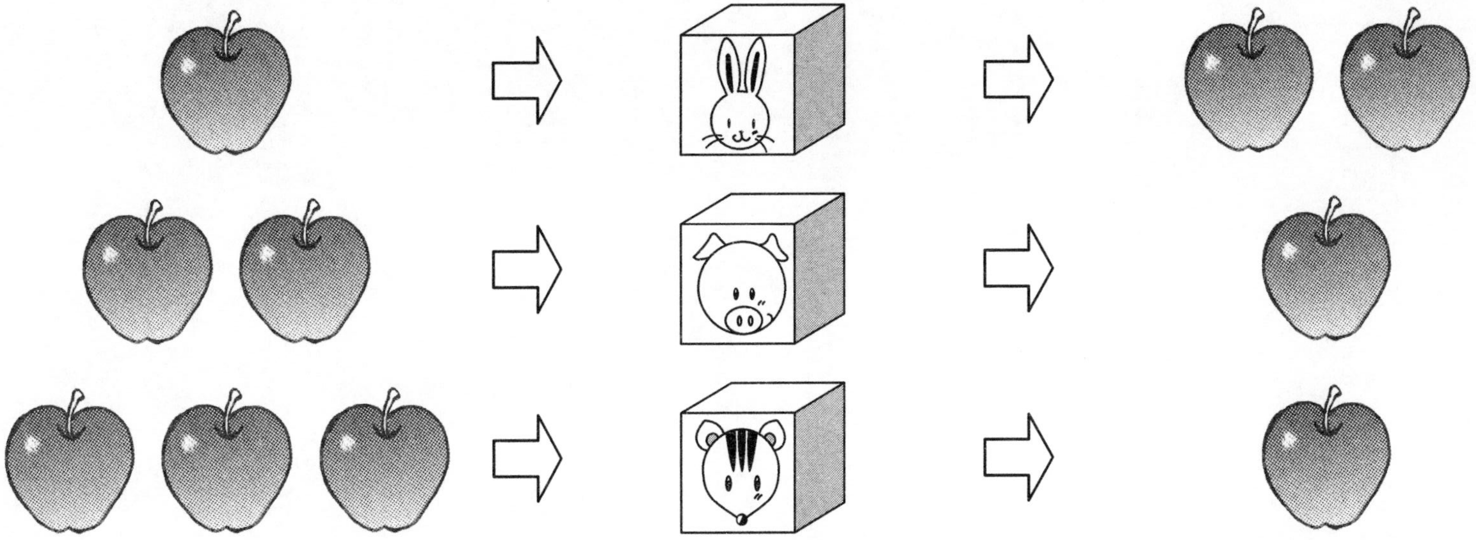

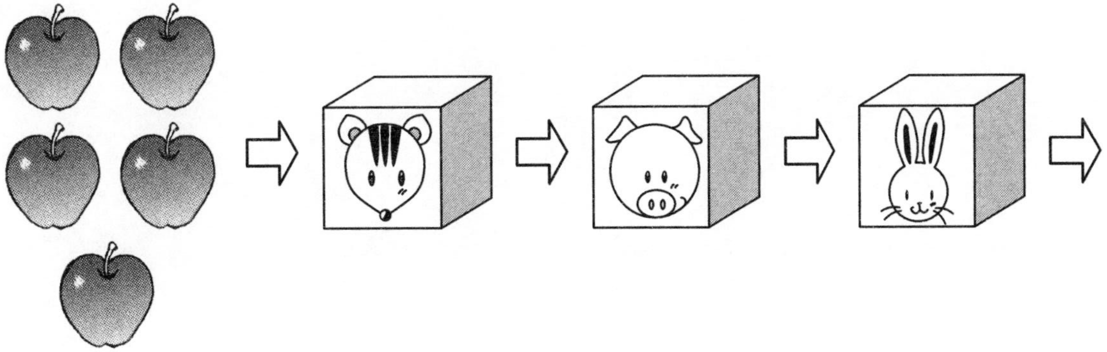

日本学習図書株式会社

問題３１－１

①
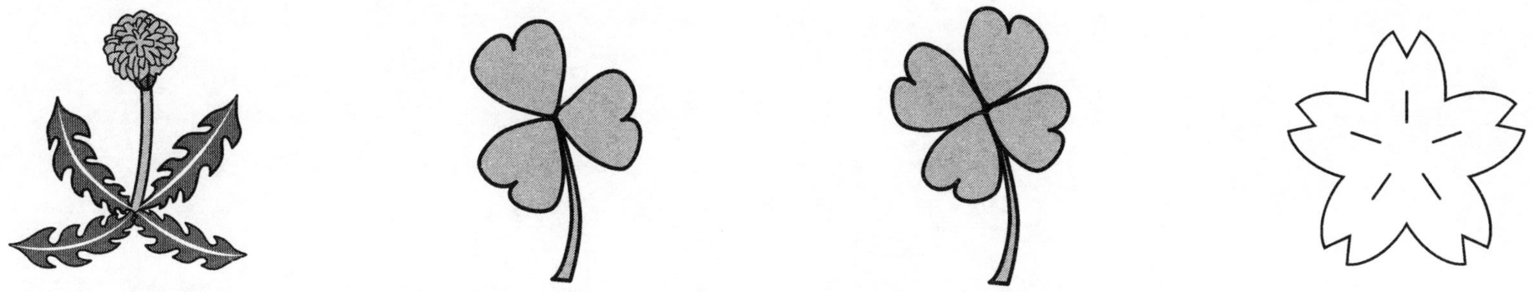

②
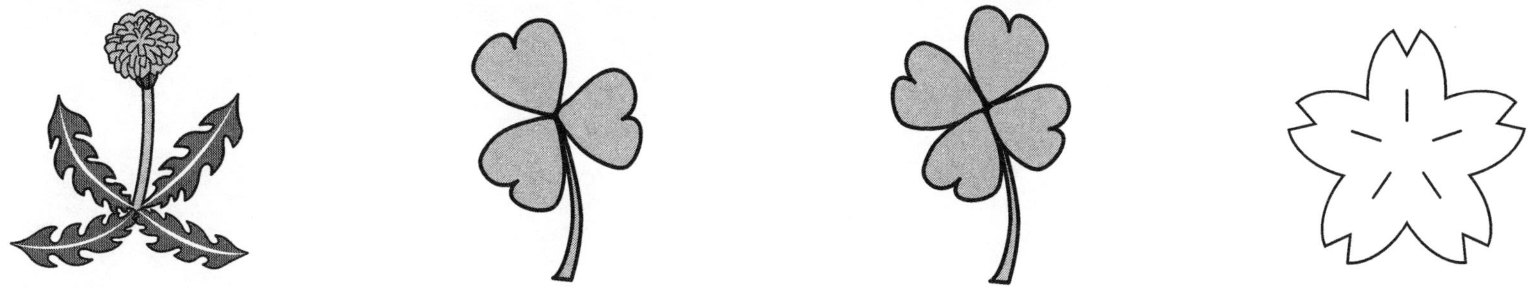

③

④

問題３１－２

⑤

⑥

日本学習図書株式会社

問題３２

問題３３

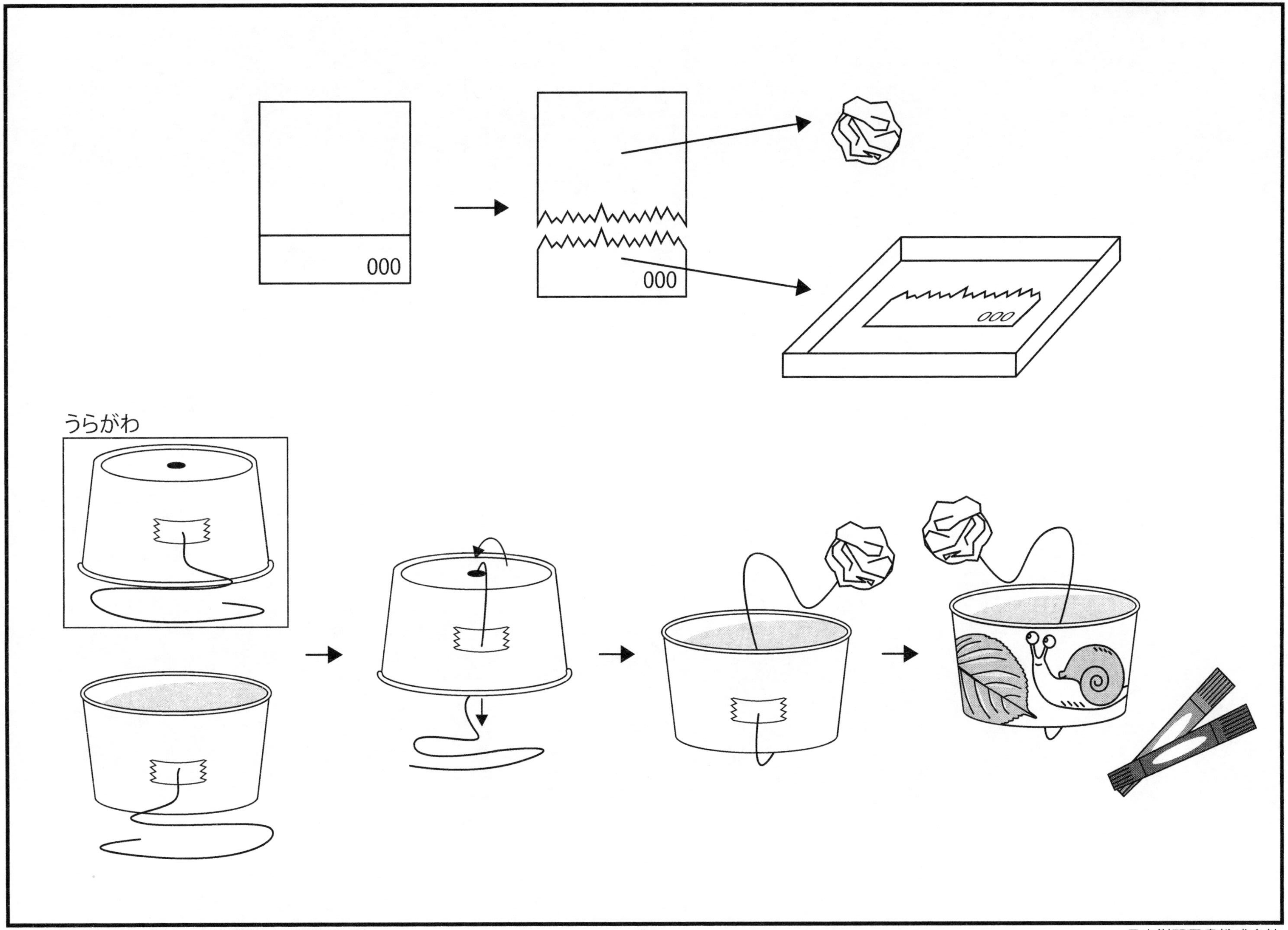

問題３５

問題３６

問題３７

 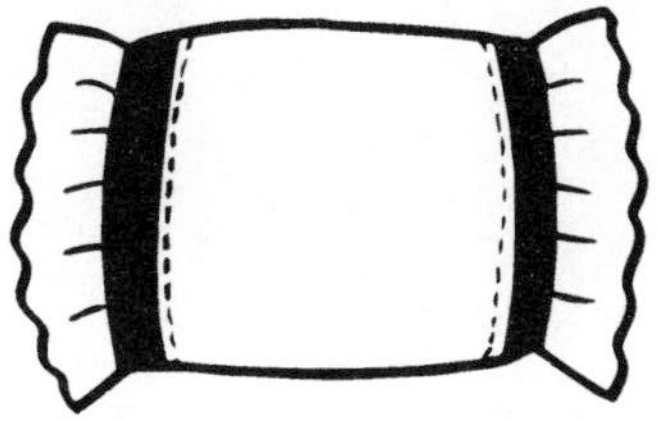  

問題38

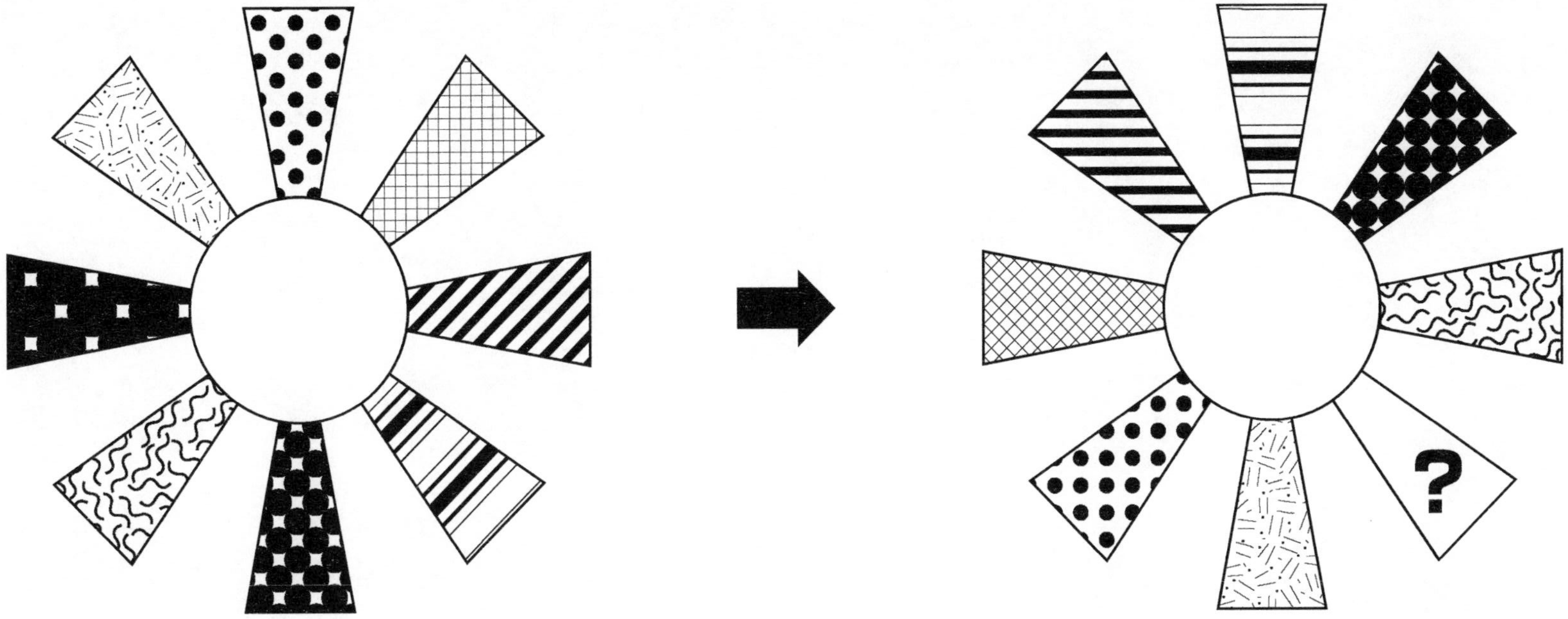

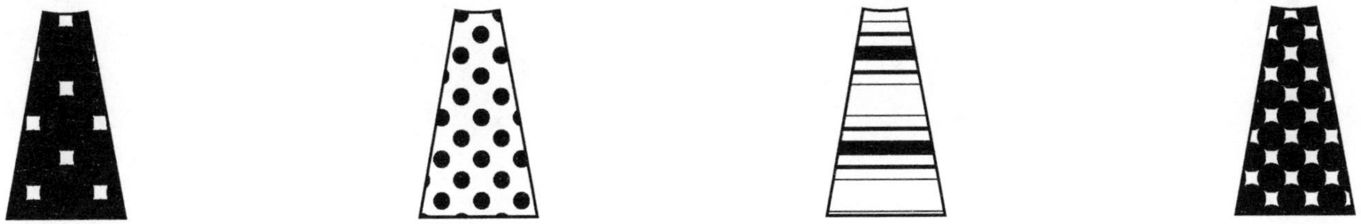

日本学習図書株式会社

問題３９

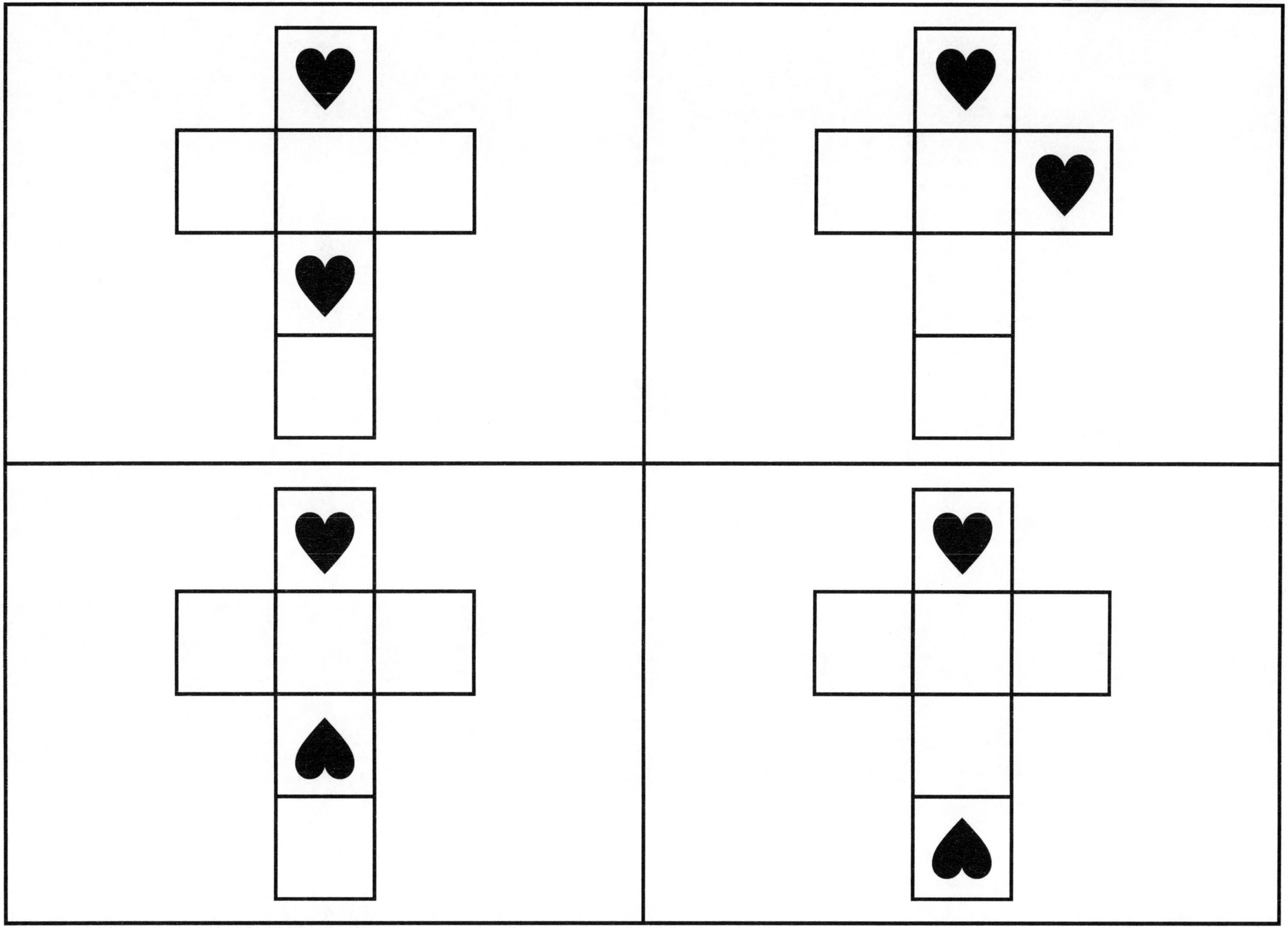

問題40

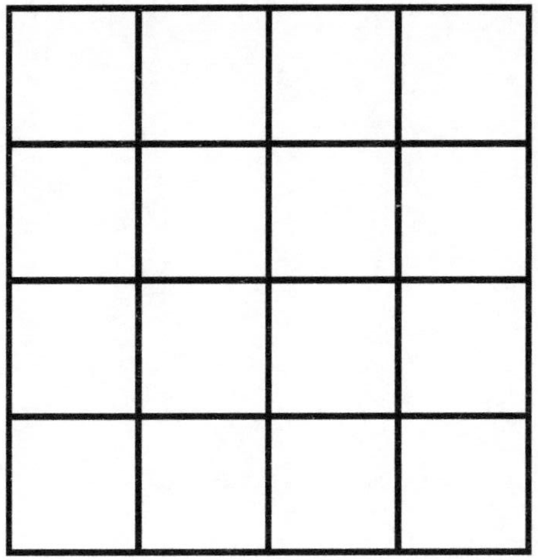

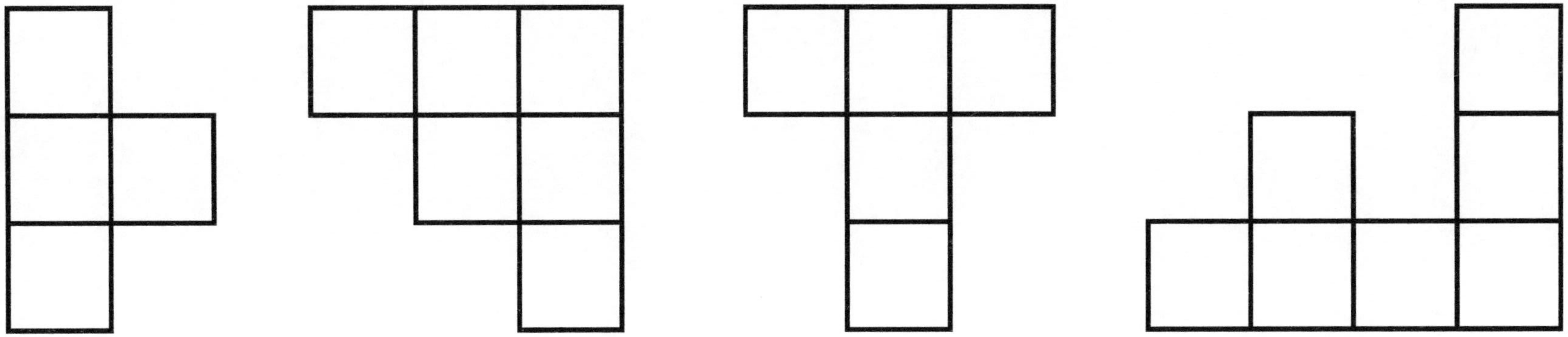

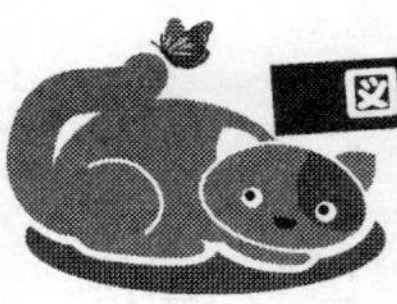

図書カード 1000 円分プレゼント

ご記入日　　　年　　月　　日

☆国・私立小学校受験アンケート☆

※可能な範囲でご記入下さい。選択肢は○で囲んで下さい。

〈小学校名〉＿＿＿＿＿＿＿＿＿＿　〈お子さまの性別〉男・女　〈誕生月〉＿＿月

〈その他の受験校〉（複数回答可）＿＿＿＿＿＿＿＿＿＿＿＿＿＿＿＿

〈受験日〉①：＿＿月＿＿日〈時間〉＿＿時＿＿分～＿＿時＿＿分

②：＿＿月＿＿日〈時間〉＿＿時＿＿分～＿＿時＿＿分

〈受験者数〉男女計＿＿名（男子＿＿名　女子＿＿名）

〈お子さまの服装〉＿＿＿＿＿＿＿＿＿＿＿＿＿＿＿＿

〈入試全体の流れ〉（記入例）準備体操→行動観察→ペーパーテスト

＿＿＿＿＿＿＿＿＿＿＿＿＿＿＿＿＿＿＿＿＿＿＿＿

Eメールによる情報提供

日本学習図書では、Eメールでも入試情報を募集しております。
下記のアドレスに、アンケートの内容をご入力の上、メールをお送り下さい。

ojuken@nichigaku.jp

●行動観察　（例）好きなおもちゃで遊ぶ・グループで協力するゲームなど

〈実施日〉＿＿月＿＿日〈時間〉＿＿時＿＿分～＿＿時＿＿分〈着替え〉□有　□無

〈出題方法〉□肉声　□録音　□その他（　　　　　）〈お手本〉□有　□無

〈試験形態〉□個別　□集団（　　　人程度）

〈会場図〉

〈内容〉

□自由遊び

＿＿＿＿＿＿＿＿＿＿＿＿＿＿＿＿

□グループ活動

＿＿＿＿＿＿＿＿＿＿＿＿＿＿＿＿

□その他

＿＿＿＿＿＿＿＿＿＿＿＿＿＿＿＿

●運動テスト（有・無）　（例）跳び箱・チームでの競争など

〈実施日〉＿＿月＿＿日〈時間〉＿＿時＿＿分～＿＿時＿＿分〈着替え〉□有　□無

〈出題方法〉□肉声　□録音　□その他（　　　　　）〈お手本〉□有　□無

〈試験形態〉□個別　□集団（　　　人程度）

〈会場図〉

〈内容〉

□サーキット運動

□走り　□跳び箱　□平均台　□ゴム跳び

□マット運動　□ボール運動　□なわ跳び

□クマ歩き

□グループ活動＿＿＿＿＿＿＿＿＿＿＿＿＿＿＿＿

□その他＿＿＿＿＿＿＿＿＿＿＿＿＿＿＿＿

●知能テスト・口頭試問

〈実施日〉＿＿月＿＿日〈時間〉＿＿時＿＿分～＿＿時＿＿分〈お手本〉□有 □無

〈出題方法〉□肉声 □録音 □その他（　　　　　）〈問題数〉＿＿枚＿＿問

分野	方法	内　容	詳細・イラスト
（例） お話の記憶	☑筆記 □口頭	動物たちが待ち合わせをする話	（あらすじ） 動物たちが待ち合わせをした。最初にウサギさんが来た。次にイヌくんが、その次にネコさんが来た。最後にタヌキくんが来た。 （問題・イラスト） ３番目に来た動物は誰か 
お話の記憶	□筆記 □口頭		（あらすじ） （問題・イラスト）
図形	□筆記 □口頭		
言語	□筆記 □口頭		
常識	□筆記 □口頭		
数量	□筆記 □口頭		
推理	□筆記 □口頭		
その他	□筆記 □口頭		

●制作　（例）ぬり絵・お絵かき・工作遊びなど

〈実施日〉＿＿月＿＿日〈時間〉＿＿時＿＿分＿＿～＿＿時＿＿分

〈出題方法〉□肉声　□録音　□その他（　　　　　）〈お手本〉□有　□無

〈試験形態〉□個別　□集団（　　　人程度）

材料・道具	制作内容
□ハサミ □のり（□つぼ □液体 □スティック） □セロハンテープ □鉛筆 □クレヨン（　色） □クーピーペン（　色） □サインペン（　色）□ □画用紙（□ A4 □ B4 □ A3 □その他：　　　　　　） □折り紙 □新聞紙 □粘土 □その他（　　　　　　）	□切る　□貼る　□塗る　□ちぎる　□結ぶ　□描く　□その他（　　　　　　） タイトル：＿＿＿＿＿＿＿＿＿＿＿＿＿＿

●面接

〈実施日〉＿＿月＿＿日〈時間〉＿＿時＿＿分＿＿～＿＿時＿＿分〈面接担当者〉＿＿名

〈試験形態〉□志願者のみ（　　）名 □保護者のみ □親子同時 □親子別々

〈質問内容〉

※試験会場の様子をご記入下さい。

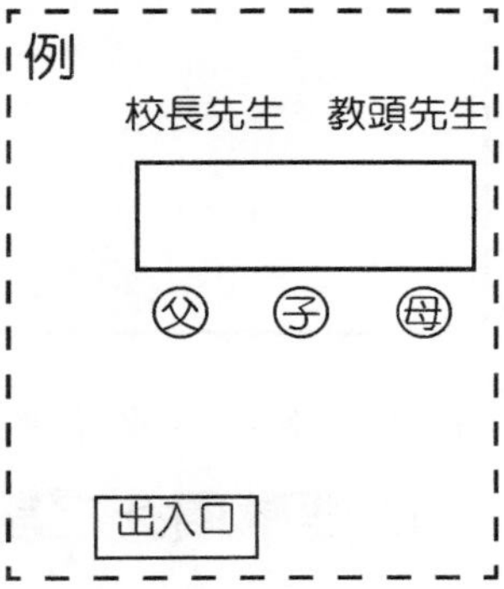

□志望動機　□お子さまの様子

□家庭の教育方針

□志望校についての知識・理解

□その他（　　　　　　　　　　　　　）

（詳　細）

・

・

・

・

●保護者作文・アンケートの提出（有・無）

〈提出日〉□面接直前　□出願時　□志願者考査中　□その他（　　　　　　　）

〈下書き〉□有　□無

〈アンケート内容〉

（記入例）当校を志望した理由はなんですか（150字）

●説明会（□有　□無）〈開催日〉　　月　　日〈時間〉　時　　分　〜　　時　　分

〈上履き〉　□要　□不要〈願書配布〉　□有　□無〈校舎見学〉　□有　□無

〈ご感想〉

●参加された学校行事（複数回答可）

公開授業〈開催日〉　　月　　日〈時間〉　時　　分　〜　　時　　分

運動会など〈開催日〉　　月　　日〈時間〉　時　　分　〜　　時　　分

学習発表会・音楽会など〈開催日〉　　月　　日〈時間〉　時　　分　〜　　時　　分

〈ご感想〉

※是非参加したほうがよいと感じた行事について

●受験を終えてのご感想、今後受験される方へのアドバイス

※対策学習（重点的に学習しておいた方がよい分野）、当日準備しておいたほうがよい物など

＊＊＊＊＊＊＊＊＊＊＊＊＊　ご記入ありがとうございました　＊＊＊＊＊＊＊＊＊＊＊＊＊

必要事項をご記入の上、ポストにご投函ください。

なお、本アンケートの送付期限は入試終了後３ヶ月とさせていただきます。また、入試に関する情報の記入量が当社の基準に満たない場合、謝礼の送付ができないことがございます。あらかじめご了承ください。

ご住所：〒

お名前：　　　　　　　　メール：

ＴＥＬ：　　　　　　　　ＦＡＸ：

アンケートのご記入
ありがとうございました

ご記入頂いた個人に関する情報は、当社にて厳重に管理致します。弊社の個人情報取り扱いに関する詳細は、www.nichigaku.jp/policy.php の「個人情報の取り扱い」をご覧下さい。

分野別 小学入試練習帳 ジュニアウォッチャー

1．点・線図形	小学校入試で出題頻度の高い『点・線図形』の模写を、難易度の低いものから段階別に幅広く練習することができるように構成。
2．座標	図形の位置模写という作業を、難易度の低いものから段階別に練習できるように構成。
3．パズル	様々なパズルの問題を難易度の低いものから段階別に練習できるように構成。
4．同図形探し	小学校入試で出題頻度の高い、同図形選びの問題を繰り返し練習できるように構成。
5．回転・展開	図形などを回転、または展開したとき、形がどのように変化するかを学習し、理解を深められるように構成。
6．系列	数、図形などの様々な系列問題を、難易度の低いものから段階別に練習できるように構成。
7．迷路	迷路の問題を繰り返し練習できるように構成。
8．対称	対称に関する問題を４つのテーマに分類し、各テーマごとに問題を段階別に練習できるように構成。
9．合成	図形の合成に関する問題を、難易度の低いものから段階別に練習できるように構成。
10．四方からの観察	もの（立体）を様々な角度から見て、どのように見えるかを推理する問題を段階別に整理し、１つの形式で複数の問題を練習できるように構成。
11．いろいろな仲間	ものや動物、植物の共通点を見つけ、分類していく問題を中心に構成。
12．日常生活	日常生活における様々な問題を６つのテーマに分類し、各テーマごとに一つの問題形式で複数の問題を練習できるように構成。
13．時間の流れ	『時間』に着目し、様々なものごとは、時間が経過するとどのように変化するのかということを学習し、理解できるように構成。
14．数える	様々なものを『数える』ことから、数の多少の判定やかけ算、わり算の基礎までを練習できるように構成。
15．比較	比較に関する問題を５つのテーマ（数、高さ、長さ、量、重さ）に分類し、各テーマごとに問題を段階別に練習できるように構成。
16．積み木	数える対象を積み木に限定した問題集。
17．言葉の音遊び	言葉の音に関する問題を５つのテーマに分類し、各テーマごとに問題を段階別に練習できるように構成。
18．いろいろな言葉	表現力をより豊かにするいろいろな言葉として、擬態語や擬声語、同音異義語、反意語、数詞を取り上げた問題集。
19．お話の記憶	お話を聴いてその内容を記憶、理解し、設問に答える形式の問題集。
20．見る記憶・聴く記憶	「見て憶える」「聴いて憶える」という『記憶』分野に特化した問題集。
21．お話作り	いくつかの絵を元にしてお話を作る練習をして、想像力を養うことができるように構成。
22．想像画	描かれてある形や景色に好きな絵を描くことにより、想像力を養うことができるように構成。
23．切る・貼る・塗る	小学校入試で出題頻度の高い、はさみやのりなどを用いた巧緻性の問題を繰り返し練習できるように構成。
24・絵画	小学校入試で出題頻度の高い、お絵かきやぬり絵などクレヨンやクーピーペンを用いた巧緻性の問題を繰り返し練習できるように構成。
25．生活巧緻性	小学校入試で出題頻度の高い日常生活の様々な場面における巧緻性の問題集。
26．文字・数字	ひらがなの清音、濁音、拗音、拗長音、促音と１～20までの数字に焦点を絞り、練習できるように構成。
27．理科	小学校入試で出題頻度が高くなりつつある理科の問題を集めた問題集。
28．運動	出題頻度の高い運動問題を種目別に分けて構成。
29．行動観察	項目ごとに問題提起をし、「このような時はどうか、あるいはどう対処するのか」の観点から問いかける形式の問題集。
30．生活習慣	学校から家庭に提起された問題と思って、一問一問絵を見ながら話し合い、考える形式の問題集。
31．推理思考	数、量、言語、常識（含理科、一般）など、諸々のジャンルから問題を構成し、近年の小学校入試問題傾向に沿って構成。
32．ブラックボックス	箱や筒の中を通ると、どのようなお約束でどのように変化するかを推理・思考する問題集。
33．シーソー	重さの違うものをシーソーに乗せた時どちらに傾くのか、またどうすればシーソーは釣り合うのかを思考する基礎的な問題集。
34．季節	様々な行事や植物などを季節別に分類できるように知識をつける問題集。
35．重ね図形	小学校入試で頻繁に出題されている「図形を重ね合わせてできる形」についての問題を集めました。
36．同数発見	様々な物を数え「同じ数」を発見し、数の多少の判断や数の認識の基礎を学べるように構成した問題集。
37．選んで数える	数の学習の基本となる、いろいろなものの数を正しく数える学習を行う問題集。
38．たし算・ひき算１	数字を使わず、たし算とひき算の基礎を身につけるための問題集。
39．たし算・ひき算２	数字を使わず、たし算とひき算の基礎を身につけるための問題集。
40．数を分ける	数を等しく分ける問題です。等しく分けたときに余りが出るものもあります。
41．数の構成	ある数がどのような数で構成されているか学んでいきます。
42．一対多の対応	一対一の対応から、一対多の対応まで、かけ算の考え方の基礎学習を行います。
43．数のやりとり	あげたり、もらったり、数の変化をしっかりと学びます。
44．見えない数	指定された条件から数を導き出します。
45．図形分割	図形の分割に関する問題集。パズルや合成の分野にも通じる様々な問題を集めました。
46．回転図形	「回転図形」に関する問題集。やさしい問題から始め、いくつかの代表的なパターンから、段階を踏んで学習できるよう編集されています。
47．座標の移動	「マス目の指示通りに移動する問題」と「指示された数だけ移動する問題」を収録。
48．鏡図形	鏡で左右反転させた時の見え方を考えます。平面図形から立体図形、文字、絵まで。
49．しりとり	すべての学習の基礎となる「言葉」を学ぶこと、特に「語彙」を増やすことに重点をおき、さまざまなタイプの「しりとり」問題を集めました。
50．観覧車	観覧車やメリーゴーラウンドなどを舞台にした「回転系列」の問題集。「推理思考」分野の問題ですが、要素として「図形」や「数量」も含みます。
51．運筆①	鉛筆の持ち方を学び、点線なぞり、お手本を見ながらの模写で、線を引く練習をします。
52．運筆②	運筆①からさらに発展し、「欠所補完」や「迷路」などを楽しみながら、より複雑な鉛筆運びを習得することを目指します。
53．四方からの観察 積み木編	積み木を使用した「四方からの観察」に関する問題を練習できるように構成。
54．図形の構成	見本の図形がどのような部分によって形づくられているかを考えます。
55．理科②	理科的知識に関する問題を集中して練習する「常識」分野の問題集。
56．マナーとルール	道路や駅、公共の場でのマナー、安全や衛生に関する常識を学べるように構成。
57．置き換え	さまざまな具体的・抽象的事象を記号で表す「置き換え」の問題を扱います。
58．比較②	長さ・高さ・体積・数などを数学的な知識を使わず、論理的に推測する「比較」の問題を練習できるように構成。
59．欠所補完	線と線のつながり、欠けた絵に当てはまるものなどを求める「欠所補完」に取り組める問題集です。
60．言葉の音（おん）	しりとり、決まった順番の音をつなげるなど、「言葉の音」に関する問題に取り組める練習問題集です。

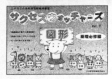

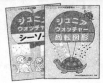

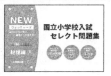

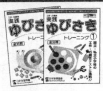

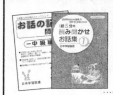

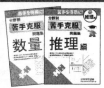

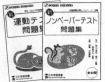

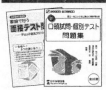

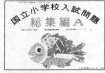

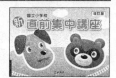

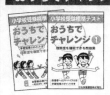

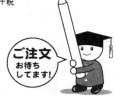

『読み聞かせ』×『質問』＝『聞く力』

お話の記憶の練習に最適

1話5分の
読み聞かせお話集①②

「アラビアン・ナイト」「アンデルセン童話」「イソップ寓話」「グリム童話」、日本や各国の民話、昔話、偉人伝の中から、教育的な物語や、過去に小学校入試でも出題された有名なお話を中心に掲載。お話ごとに、内容に関連したお子さまへの質問も掲載しています。「読み聞かせ」を通して、お子さまの『聞く力』を伸ばすことを目指します。

①巻・②巻　各48話

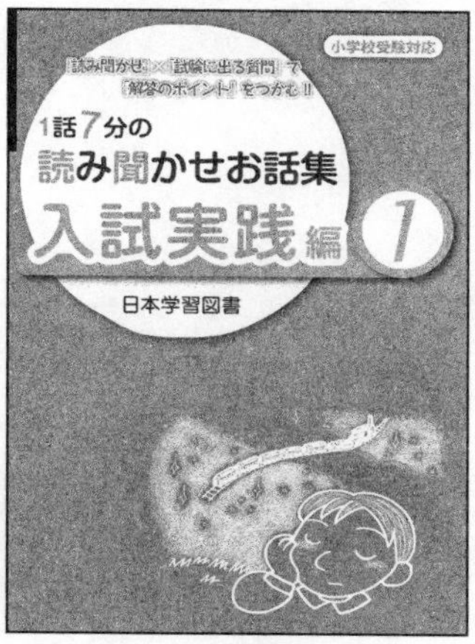

1話7分の読み聞かせお話集
入試実践編①

国立・私立小学校受験対応

最長1,700文字の長文のお話を掲載。有名でない＝「聞いたことのない」お話を聞くことで、『集中力』のアップを目指します。設問も、実際の試験を意識した設問としています。ペーパーテスト実施校の多くが「お話の記憶」の問題を出題します。毎日の「読み聞かせ」と「試験に出る質問」で、「解答のポイント」をつかんで臨みましょう！

50話収録

ニチガクの　この5冊で受験準備も万全！

小学校受験入門
願書の書き方から面接まで　リニューアル版

主要私立・国立小学校の願書・面接内容を中心に、学校選びや入試の分野傾向、服装コーディネート、持ち物リストなども網羅し、受験準備全体をサポートします。

小学校受験で
知っておくべき125のこと

小学校受験の基本から怪しい「ウワサ」まで、保護者の方々からの125の質問にていねいに解答。目からウロコのお受験本。

新　小学校受験の
入試面接Q＆A　リニューアル版

過去十数年に遡り、面接での質問内容を網羅。小学校別、父親・母親・志願者別、さらに学校のこと・志望動機・お子さまについてなど分野ごとに模範解答例やアドバイスを掲載。

新　願書・アンケート
文例集500　リニューアル版

有名私立小、難関国立小の願書やアンケートに記入するための適切な文例を、質問の項目別に収録。合格を掴むためのヒントが満載！願書を書く前に、ぜひ一度お読みください。

小学校受験に関する
保護者の悩みQ＆A

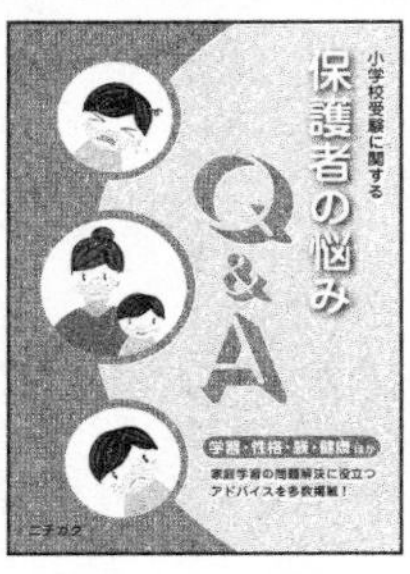

保護者の方約1,000人に、学習・生活・躾に関する悩みや問題を取材。その中から厳選した200例以上の悩みに、「ふだんの生活」と「入試直前」のアドバイス2本立てで悩みを解決。

日本学習図書株式会社

大阪教育大学附属池田小学校　専用注文書

年　　月　　日

合格のための問題集ベスト・セレクション

＊入試頻出分野ベスト３

1st 推　理　　思考力　観察力

2nd 図　形　　観察力　思考力

3rd お話の記憶　　聞く力　集中力

推理分野を中心に独特の出題も見られるので、対応できるようにしっかりと試験の傾向をつかんでおきましょう。対応できる力を身に付けるためにも、まずは基礎的な学習を徹底するようにしてください。

分野	書　名	価格(税込)	注文	分野	書　名	価格(税込)	注文
図形	Ｊr・ウォッチャー３「パズル」	1,650円	冊	図形	Ｊr・ウォッチャー48「鏡図形」	1,650円	冊
図形	Ｊr・ウォッチャー５「回転・展開」	1,650円	冊	推理	Ｊr・ウォッチャー50「観覧車」	1,650円	冊
図形	Ｊr・ウォッチャー８「対称」	1,650円	冊	図形	Ｊr・ウォッチャー53「四方からの観察　積み木編」	1,650円	冊
図形	Ｊr・ウォッチャー10「四方からの観察」	1,650円	冊	図形	Ｊr・ウォッチャー54「図形の構成」	1,650円	冊
常識	Ｊr・ウォッチャー11「いろいろな仲間」	1,650円	冊	常識	Ｊr・ウォッチャー55「理科②」	1,650円	冊
常識	Ｊr・ウォッチャー12「日常生活」	1,650円	冊	推理	Ｊr・ウォッチャー58「比較②」	1,650円	冊
推理	Ｊr・ウォッチャー15「比較」	1,650円	冊	推理	Ｊr・ウォッチャー59「欠所補完」	1,650円	冊
言語	Ｊr・ウォッチャー17「言葉の音遊び」	1,650円	冊	言語	Ｊr・ウォッチャー60「言葉の音（おん）」	1,650円	冊
言語	Ｊr・ウォッチャー18「いろいろな言葉」	1,650円	冊		１話５分の読み聞かせお話集①・②	1,980円	各　冊
常識	Ｊr・ウォッチャー27「理科」	1,650円	冊		お話の記憶問題集 中級編・上級編	2,200円	各　冊
観察	Ｊr・ウォッチャー29「行動観察」	1,650円	冊		実践 ゆびさきトレーニング①・②・③	2,750円	各　冊
常識	Ｊr・ウォッチャー31「推理思考」	1,650円	冊		新 口頭試問・個別テスト問題集	2,750円	冊
図形	Ｊr・ウォッチャー45「図形分割」	1,650円	冊		新 運動テスト問題集	2,420円	冊
図形	Ｊr・ウォッチャー46「回転図形」	1,650円	冊		新 小学校受験の入試面接Ｑ＆Ａ	2,860円	冊

合計	冊	円

（フリガナ） 氏　名	電　話 ＦＡＸ E-mail
住 所　〒　　　　ー	以前にご注文されたことはございますか。 有　・　無

★お近くの書店、または記載の電話・FAX・ホームページにてご注文をお受けしております。
電話：03-5261-8951　FAX：03-5261-8953　代金は書籍合計金額＋送料がかかります。
※なお、落丁・乱丁以外の理由による商品の返品・交換には応じかねます。
★ご記入頂いた個人に関する情報は、当社にて厳重に管理致します。なお、ご購入の商品発送の他に、当社発行の書籍案内、書籍に関する調査に使用させて頂く場合がございますので、予めご了承ください。

日本学習図書株式会社
http://www.nichigaku.jp

2024年度版　大阪教育大学附属池田小学校
過去問題集

発行日　2023年12月18日
発行所　〒162-0821 東京都新宿区津久戸町 3-11-9F
日本学習図書株式会社
電　話　03-5261-8951 ㈹

合格実績

ヘッズの合格者数は正会員だけの数字です。

2023.2.15現在 **塾歴32年の実績**

	学校名	ヘッズ合格者（募集人数）	学校名	ヘッズ合格者（募集人数）	学校名	ヘッズ合格者（募集人数）
令和5年度	大阪教育大学附属池田(小)	募集人数 62(100)	関西学院初等部	54(90)	雲雀丘学園(小)	46(135)
	関西大学初等部	5(60)	仁川学院(小)	3(60)	小林聖心女子学院(小)	22(60)
	洛南(小)	2(90)	アサンプション国際(小)	9(80)	箕面自由学園(小)	5(50)

クラス案内

ヘッズアップセミナー　検索

https://www.heads-up.co.jp

※時間割は、ホームページをご覧下さい。

池田校　新年度 2月から開室します。 税込価格

年長受験クラス（週1回 120分授業）

面接・ペーパー・音楽・絵制作・運動・行動観察など入試に必要な全ての分野を徹底的に指導し、確実に志望校へ導きます。附属池田（小）入試傾向を中心としますが、私学にも対応するクラスです。（10・11・12・1月の間は附属池田特訓クラス）

曜日/水・金・土　**授業料**：22,000円

年中受験クラス（週1回 90分授業）

受験の基礎から指導します。面接・ペーパー・音楽・絵制作・社会性・運動など総合的に実力を向上させていきます。

曜日/水・金（4月から）・土　**授業料**：17,600円

年少受験クラス（週1回 60分授業）　**最年少受験クラス**（週1回 50分授業）

4月から翌年1月まで。面接・ペーパー・音楽・絵制作・運動などの受験の基礎から総合的に指導します。

年少:曜日/金・土　**最年少:曜日**/金・土　**授業料**：14,300円

雲雀丘強化専願クラス（週1回 90分授業）　**雲雀丘個別試問クラス**

雲雀丘学園を専願する方や併願でも強化したい方のためのクラス。

曜日/月・木　**授業料**：14,300円　**曜日**/土　**授業料**：6,600円

関学・関大・池附強化クラス（週1回 90分授業）

関学・関大・池附を目指す方に、3校の入試問題を徹底分析したクラス。

曜日/木・土　**授業料**:19,800円（受験クラスと合わせ：38,500円）

プログラミング　パズル道場 算数数学　そろばん速算教室

Speed Reading 速読 速く正確に読み解く力を鍛える。

★英語で知育・体操　★小学生英語塾

Koala Gym

電話：070-4335-6636

※授業料に教材費、消費税など、すべてを含みます。入会金：20,000円

（他）小学生1～3年・特進、ベーシッククラス、個別指導クラス（年少～小6）、内部進学クラス（小4～6年）

宝塚校　新年度 9月から開室します。 税込価格

関学クラス（週1回 100分授業）

関西学院初等部への専願を希望される方のクラスです。面接・ペーパー・運動・社会性など入試に必要な全ての分野を徹底的に指導します。

曜日/木・金・土　**授業料**：25,300円

年長受験クラス（週1回 100分授業）

面接・ペーパー・音楽・運動・社会性など入試に必要なすべての分野を徹底的に指導し、確実に志望校へ導きます。附属池田（小）・小林聖心・仁川学院・雲雀丘に対応するクラスです。（10・11・12・1月の間は附属池田特訓クラス）

曜日/火・土　**授業料**：22,000円

年中受験クラス（週1回 80分授業）

受験の基礎から指導します。面接・ペーパー・音楽・絵制作・社会性・運動など総合的に実力を向上させていきます。

曜日/水・土　**授業料**：17,600円

年少受験クラス（週1回 60分授業）

4月から8月まで。面接・ペーパー・音楽・絵制作・運動などの受験の基礎を総合的に指導します。

曜日/水　**授業料**：14,300円

関学ペーパー強化クラス（週1回 60分授業）

関学クラスを受講している方のペーパー強化クラスです。関学クラスのペーパー問題以外の基礎、基本問題を徹底的に指導し補います。

曜日/火　**授業料**：13,200円

※授業料に教材費、消費税など、すべてを含みます。入会金：20,000円

（小学生クラス）

小学生1～3年（特進クラス）、小学生1～6年ベーシッククラス（関学クラス）

短期講習

春期講習：3月末。夏期講習：7月末、8月末。雲雀丘・小林聖心・関学・関大直前講習：8月末。
附属池田特訓クラス：9月～1月。附属池田直前講習：12月末～1月初旬。

公開模試

実施日はホームページをご覧下さい。（3、4、6、7、10、11月実施）

ヘッズ主催の学校説明会・保護者会・特訓行事

無料

学校説明会

関学、関大、雲雀丘、小林聖心、洛南、アサンプション国際などの小学校の先生をお招きして学校説明会を開催します。

保護者会

小学校受験に向けての準備、傾向対策会などを開催します。

面接特訓

各学校の傾向に合わせた面接練習。無料の親子面接練習を行います。

行動観察特訓

小学校入試では、個々の行動観察を観察されます。無料の行動観察特訓を行います。

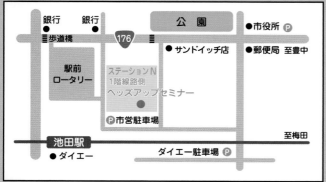

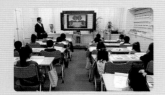

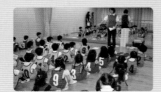

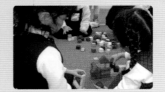

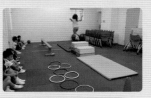

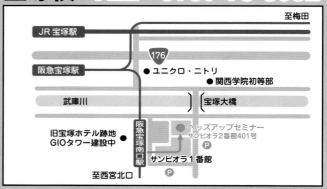